Biblioteca Umoristica Mondadori

Luciana Littizzetto

SOLA COME UN GAMBO DI SEDANO

MONDADORI

http://www.mondadori.com/libri

ISBN 88-04-49509-X

Sola come un gambo di sedano

A Davide
(fonte inesauribile di spunti)

A tutti i miei amici
(come farei senza di loro)

Intro

Succede. E mi è successo. Dopo anni di sbattimenti, spettacoli nelle bettole e trasmissioni invedibili (in tutti i sensi), le cose sono cambiate. Le persone giuste si sono accorte finalmente di me e adesso moltissimi apprezzano il mio talento. Da imbecille a genio. Ma io non mi sento affatto cambiata. Sarà che sono rimasta imbecille o sono sempre stata un genio? Tant'è.

Adesso mi capitano le cose più strane. Prima fra tutte mi si chiede il parere su qualsiasi cosa. Dai movimenti della tettonica a zolle al calo della libido. E io quasi mai ho qualcosa di veramente interessante da dire. Mi viene da rispondere: «Mah?». E mi rendo conto che è un po' pochino. Poi ricevo un sacco di inviti. Dal gran galà della trifula alla festa privata in disco dove: «Minchia, se vuoi puoi fare tutto lo spettacolo, noi ti diamo la cena gratis, bibite comprese».

Poi godo di un notevole fenomeno di riconoscibilità stradale che, a ragion del vero, mi fa un sacco piacere. Lo dice sempre anche mia zia: «Di sentirci amati non ne abbiamo mai a basta». L'abbordaggio tipico avviene più o meno così: «Nooo! Ma tu sei la Littizzello? La pervertita della televisione?». Oppure: «Guardaaa! C'è la Trippizzetto! Mi dici bastardo?». O ancora: «Mi scrivi sulla carta d'identità "Ti amo bastardo"? Grazie, sei gentilissima». O quando proprio si esagera: «Tu sei la Zippittetto, vero? Ci ho qui la videocassetta del matrimonio di mio cugino Ettore dove ho fatto l'imitazione di Wess e Dori Ghezzi contemporaneamente... puoi mica farla avere a Gori? A proposito: ma la Marcuzzi ce le ha vere o rifatte?».

Una volta un tipo a Porta Susa con incontenibile gioia mi ha chiesto: «Ma tu sei Minchia Sabbri? Ma ti chiami Minchia di cognome?». Quello è stato un momento pesante. Ma la vera perla è successa durante la cena di un dopo spettacolo. Il gestore del ristorante mi ha accolta a braccia aperte e, dopo essersi sdilinquito in un miele di complimenti, con l'occhio pazzo da Jocker di Batman, ha zittito la compagnia con queste parole: «Silenzio, ordina prima la cantante!».

E poi *incredibile dictu*: ho fatto il cinema. Io. La nana di Cit Turin. Il cinema quello vero, non quello che evoca mia madre quando vuole che la pianti e urla: «Luciana, *fa' nen tant cine!*».

Quello che non mi spiego è perché, in dieci anni di mestiere, il trucco cinematografico, teatrale o televisivo non mi sia mai servito a migliorare esteticamente. E quando dico mai dico mai. Mi peggiora sempre. Mi esalta i difetti. Si impegna a ridare vita al mostro che riposa in me. Tanto che poi la gente, quando mi incontra per strada, generalmente sbotta con apprezzamenti del tipo: «Ma non sei così racchia, in fondo...» che, vi assicuro, non fanno certo bene al mio amor proprio.

Devo dire che anche i ruoli che mi scelgo son quelli che sono. In due film su tre ho fatto la moglie cornuta e nel terzo la prostituta. Mi sembra un bilancio di tutto rispetto. Si vede che ispiro. In un cortometraggio per Cinema Giovani, qualche tempo fa, sono stata conciata da prostituta picchiata. La truccatrice mi ha riempito di bozzi e graffi, poi mi ha unto e scompigliato i capelli e, dubitando ancora della buona riuscita del suo lavoro, ha chiesto a una comparsa: «Così è credibile come prostituta?». E lei: «No, per me era più credibile prima!». Praticamente come ero arrivata da casa. E avanti.

Ho girato la mia prima, e suppongo ultima, scena di sesso. Ho la credibilità di Topo Gigio. Io e lui a letto. In mutande, naturalmente, sotto le lenzuola. La macchina da presa appesa al soffitto. Io sotto e lui sopra. Roba da missionario. Io l'espressione tipica del rettile. Lui l'occhio da batrace. Io che per coprirmi le tette gesticolavo col risvolto del lenzuolo come la Mondaini in *Casa Vianello*. Lui che cercava di distrarsi per il terrore che il suo ammennicolo potesse da un momento all'altro prendere vita. Abbiamo girato sei ciak. Poi ho deragliato di testa. Al settimo. Quando il direttore della fotografia ha urlato all'operatore: «Bene, adesso mettiamo il diaframma!».

E poi. Un esercito di pazzi furiosi è stato assoldato apposta per cambiarmi il look. «Mica si può fare il tuo mestiere con 'nu jeans e 'na maglietta?» Ah, no? Eppure mi sembra che Nino D'Angelo ci sia riuscito... o sbaglio? Niente. Non sentono ragioni. Ma se sono arrivata fin qui con questo muso che, certo lascia un po' il tempo che trova, perché cambiarlo? Perché la parola d'ordine è svecchiare e allora... si comincia con l'abito che a quanto pare fa un casino il monaco. Via il comodo pantalone ascellare e pronti col calzone vita bassa, cavallo mezza coscia, maglietta stretch e golfino di lana di cane. «Importante, mi raccomando, l'ombelico di fuori, meglio con l'orecchino.» No. L'orecchino non me lo sparo nella pancia! C'ho un neo. Va bene lo stesso? Eppoi, posso tirare un po' giù 'sto golf che sento freddo alle budella e mi viene la colite? «Sei pazza? Non ci hai mica sessanta anni?» Sì, ma ne ho trentasei e soffro ancora di acetone, come si spiega 'sto fatto? «Silenzio.» Passiamo alla scarpa. Ecco. «Un bel sandalo aperto (tanto siamo a marzo) con tacco a Toblerone e calzino corto, meglio se di lamé.» Mi cade la prima lacrima. Ma Milano non era la capitale della moda? «Zitta.» Siamo alla fase capelli. «Non si discute: bionda.» No. Bionda no. «Qualche colpo di sole? Una botta di luce? Una frangia di luna?» Piuttosto mi ammazzo. «Ma il biondo è un colore molto televisivo, è per questo che fioccano le Mare Venier, le Antonelle Elie, le Marie Terese Rute!» E chisse nefrega! «Anche la mitica Marilyn è passata da questo tunnel.» Infatti io non ho niente in comune con lei. E state giù con quelle forbici. «Te li sfiliamo un po', vuoi mica tenerti 'sta chioma a raperonzolo?» E così eccomi qua. Un bell'incrocio tra Ringo Starr e La fata Fior di melo. «E per quella cellulite lì sui fianchi?» Ah no! Giù le mani! Quella sta lì. Dio me l'ha data e guai a chi me la tocca!

Luciana Littizzetto
in Soffritto

Ma com'è 'sto fatto? È primavera, svegliate ci siam svegliate, messer aprile dovrebbe fare il rubacuor e invece... qui non si ba tte chiodo. Né ranocchi bavosi né tanto meno principi.

Le mie amiche si son mobilitate. Nel giro di una settimana mi hanno presentato almeno una decina di uomini, manco fossi un'eremita che non ha scambi col mondo. La mia amica Molly (si chiama Maria Adelaide, ma si fa chiamare Molly per via del nome uguale all'ospedale di Torino) ha voluto a tutti i costi che uscissi a cena con Rubens, un tipo di Gressoney. Alto, moro e sempre vestito di bianco. Un incrocio tra Little Tony e uno spacciatore di coca di *Miami Vice*. Dico solo che all'antipasto già aveva estratto la foto della sua ex fidanzata, l'unica donna mai amata in vita sua. Una specie di gatto delle nevi con il naso a patata americana. Ma si può? Caro il mio mister Loba Loba, credi che me ne possa fregare qualcosa dei tuoi lutti passati? E poi c'aveva un profumo che non mi piaceva... mi ricordava l'odore della vaschetta delle tartarughe. E allora? Lo dice anche la Mannoia che «Siamo così, dolcemente complicate...», delle specie di cubi di Rubik con le tette.

Poi è toccato a Gualtiero, melomane, maniere da cicisbeo, mani venate di azzurro come fette di gorgonzola, probabilmente allattato fino in terza media. Saliamo in auto e mi fa: «Orbene...».

"Orbene"? Ma come parli? Dove vivi? Sparisci, avanzo fossile di lumacone del Pleistocene!

Tornata a casa ho tentato il suicidio. Volevo strangolarmi di Mars e far la fine del ratto impigliato nel malto. Ma non è andata così. Il destino ha voluto punirmi ancora. Ho accettato l'invito a cena di un musicista dal cognome veramente improponibile: Soffritto. Era chiaro. Non poteva nascere nulla tra di noi. Neanche per vero amore accetterei di chiamarmi Luciana Littizzetto in Soffritto! Ci eravamo conosciuti da meno di cinque minuti che già gonfio di orgoglio maschio mi mostrava la sua maglietta. E sapete quale motto portava stampigliato a lettere cubitali? «Green Fig, salviamo la gnocca.»

Gnomi e vichinghe

Peccato. Peccatissimo. Erano una coppia così ben assortita... lui così gnomo, lei così vichinga... A me Tom e Nicole davano tanta sicurezza. Considerando il fatto che io alla Kidman somiglio moltissimo, per una serie di affinità non solo fisiche, contavo che prima o poi un pezzo di Cruise sarebbe planato anche a me tra le braccia. E invece ciccia. Persino la piroga del loro amore ha cominciato a imbarcare acqua. Nella mia già nidificano i pesci. Vorrà dire che per il resto della vita starò da sola, farò presine all'uncinetto, leggerò la vita quotidiana dei fenici e mi purificherò con tisane al finocchietto selvatico. E penserò alla vera, unica e suprema maestra dell'amore: Barbie. Quarantuno anni e non sentirli. Barbie ha cinque anni più di me e io sembro sua bisnonna. Quale sarà mai il segreto della sua forma inossidabile? Ve lo dico io. Non si è mai sposata. E dire che quel rincoglionito di Ken le vuole bene, è dalla prima asilo che le sbava dietro. Ma lei niente. Dura. Un tocco di marmo. Fidanzati sì ma poi... *mi a ca' mia e ti a ca' tua.* Lei nella sua villa a tre piani in pura plastica con un guardaroba da far invidia alla Carrà e lui nel suo monolocale a scolpirsi i capelli con pialla e seghino. Sì, c'è stata quella mezza storia con Big Jim, quel Taricone che faceva boxe olimpica e si pettinava col grasso di balena, ma era solo roba di sesso e palestra. Barbie aveva ben altro da fare. *In primis* cambiare lavoro. Roba da far tremare i sindacati. È stata ballerina, dentista, paleontologa, astronauta, atleta olimpica, maestra elementare, persino ambasciatrice dell'Unicef. E poi occuparsi della sua famiglia che geneticamente parlando è ben strana. Barbie ha un nugolo di fratellini e sorelline di età compresa tra i trentasei e i sei anni. O sua madre è un'androide o suo padre ha la vitalità sessuale di Charlie Chaplin. Visti i suoi genitori si è presa ben guardia di convolare a giuste nozze. Però si è comprata l'abito e ha fatto finta. «Barbie sogno di sposa.» Mica scema. Io mi sento così vicina a lei. Litti sogno di sposa, Litti pink splendor, Litti fata marzapane. Siamo due gocce d'acqua. E poi anch'io ho le gambe lunghe e dure che da un paio di mesi (sarà l'età) non si piegano più.

Mucche pazze e maiali pirla

Anche le mucche sono andate fuori di testa. Ah, siamo a posto. Un punto fermo avevamo nella vita: la mansuetudine delle vacche. E adesso puff. Svanito pure quello. Cosa ci riserverà il futuro? Forse il pollo balengo o il maiale pirla. E dire che noi donne il cervello spongiforme come il Cioccorì ce l'abbiamo da un pezzo. Fortuna che non siamo commestibili. Che vista la situazione è un po' la nostra salvezza. Ma il nostro cervellino poroso purtroppo di qualche porcheriola si inzuppa. Beh... è un po' il destino della sua natura di spugnetta. Per esempio della convinzione di essere grasse. Tutte le donne, prima o poi nella vita, si guardano allo specchio e vorrebberro farsi a fette con un machete. Ho delle amiche che sono a dieta dal giorno della prima comunione e per sfinarsi e non sembrare tappi di damigiane si vestono solo di scuro con sfumature che vanno dal nero fumo di Nottingham al grigio ardesia di Courmayeur. Insomma. Ci depuriamo trenta giorni al mese, ingurgitiamo bibitoni di scagliola ogni mezzogiorno, mangiamo per settimane intere solo banane come gli scimpanzé, dividiamo il nostro tempo libero con le fave di fuca e la ceramica del water. Io dico. Con tutto il fegato che ci siamo mangiate in anni di tortura dovremmo almeno essere calate di qualche etto. Infatti. Qualcosina abbiamo perso nei punti sbagliati. Tipo le tette che per quella stupida storia della gravità ci sono calate come le foglie della kenzia. Io ho visto soltanto una volta piangere la mia amica Valentina: dopo il quarto giorno della dieta «solo minestrone». Quella povera creatura ha sopportato tutto, nelle peggiori avversità della vita si è dimostrata dura come una roccia, ma al minestrone non ha resistito. Ora ha smesso. È più serena e per ovviare al problema dei chili di troppo si nasconde la Nutella. Da sola.

Ma la palma d'oro spetta e spetterà sempre, nei secoli dei secoli, a una mia vecchia zia. Il suo criterio era che più una era grassa e più era bella. Per lei, che aveva conosciuto la guerra, il rigoglio fisico era un insindacabile segno di bellezza. E così, a una mia amica super complessata e in continua dieta dimagrante, la magica zia era riuscita a dire: «La vedo bene!». E la mia amica, gonfia di orgoglio: «Trova?». E zia: «Oh sì! Bella grassa!». E la mia amica, distrutta, con la voce già rotta dal pianto: «Mi trova ingrassata?». E zia, non paga: «Molto. Molto grassa. Complimenti!». Fantastica la zia Angelina... Ma ritorniamo a noi. Cosa fare per calare di qualche grammo? Bere. Ininterrottamente. Perché l'acqua fa fare tanta... tin tin... e poi è altissima e purissima. D'altra parte dicono che il corpo umano sia composto per il novanta per cento di acqua. E il resto? Cazzate, suppongo. Tempo fa riflettevo. Cosa fa un corpo per mantenersi in vita? Due cose solo. Mangia e fa la cacca. È semplice. Ma andiamo avanti e meditiamo. In buona sostanza la differenza tra quello che abbiamo mangiato e la cacca che abbiamo fatto siamo noi. Capito? Siamo solo uno stupido resto. Il netto rimasto tra il prendere e il lasciare. Viviamo serene. E anche tu, cara la mia Megan Gale, vola basso.

Dolcetto e gorgonzola

Per gli uomini è diverso. Con l'età guadagnano punti. Più diventano vecchi e più migliorano. Come il dolcetto. Noi donne invece siamo più come il gorgonzola. Più diventiamo vecchie e più diventiamo grasse. Quel bel grasso stagionato che cola. E ci vengono anche le vene varicose blu cobalto. Tali e quali alle muffe della gorgo. È come il crollo di una diga. Da un momento all'altro. Cric cric... un leggero avvertimento e poi sbarabaquak... il disastro. Io un giorno sì e uno no mi farei a pezzettini e mi infilerei nel bidoncino dell'umido. Chissà che riciclandomi insieme alle pelli del salame cotto e ai gusci di noce non ne esca qualcosa di buono. Dovrei provare a potarmi, come si fa coi gerani. Via il naso, via le orecchie, via anche il mento. Tanto con la primavera e i primi tiepidi mi rispunta tutto. Anche più fresco. La mia amica Marcella ha fatto la «befanoplastica». Beh, si trattava di un caso disperato. Era una befana proprio fatta e finita. Non riusciva più a sollevare le palpebre tanto era il peso della pelle in esubero. Era come se dormisse sempre. Con due origami di cartacrespa appoggiati sugli occhi. Adesso è un'altra cosa. Non riesce quasi più a chiuderli. Ha un'espressione stupita ventiquattr'ore al giorno, come se avesse visto un dinosauro comprare la pizza bianca in panetteria. Di notte dorme con l'occhio socchiuso da guardia giurata. E per lei viene giorno sempre un po' prima. Ma è abituata. Ha più silicone Marcella che una veranda esposta a nord. Si è rifatta le tette due volte. Le ha così grosse che non riesce più a farle stare separate, una di qua e l'altra di là. Le tiene praticamente l'una sull'altra. Incolonnate. Devi vederla in macchina. Tranquilla come un fringuello. Eh certo. Con quell'air bag lì può scaraventarsi giù come Thelma e Louise senza farsi neanche un livido. Io ne conosco una di chirurga estetica. Che ti rimette a postino come un puzzle da poco prezzo. Lei che lo fa di mestiere. Si sistema le labbra da sola. Infatti ce le ha tutte storte e sgonfie come un canotto abbandonato al sole. Dice che per eliminare le guanciotte da pesca melba non c'è niente di meglio che togliersi i molari, così il muso si rilassa. Che comodo! Una volta, senza che le fosse in alcun modo richiesto, mi ha appoggiato le mani sul volto e in una specie di trance ha sentenziato: «No, mi dispiace. Con te non si può fare nulla. È la struttura ossea che è proprio brutta». Pazienza, sono rimasta tutta biodegradabile. Se mi addormento in un bosco di montagna rischio di marcire insieme alle castagne. Ma adesso mi impegno. Faccio la maschera almeno una volta la settimana. Dove? Al Teatro Carignano? Mah. Per queste rughe non basta una crema. Mi sa che ci vuole direttamente una smerigliatrice.

Teste biondo ottone

Ecco qua. La primavera dovrebbe farmi sbocciare e invece mi sto seccando come una pianticella di erica. Se mi scuoto perdo i pezzi. Ho lo stesso colore delle ostriche. Ma non della perla. Proprio del guscio rugoso.

Rendersi incantevole è un lavoraccio. La Stefanenko dice che per avere un viso acqua e sapone ci vuole più o meno un'ora di trucco. Meravigliosa saggezza sovietica. Certo che sì. La pelle levigata è privilegio solo delle giovanissime, anche se vogliono farci credere il contrario. Mai provato lo stress da profumeria?

Dunque. Le commesse hanno appena finito la quinta elementare e cercano di convincerti che la loro pelle serica è solo frutto dell'uso regolare della crema captatrice di glucosio a effetto riduttore con complesso di vitamina C e antiretinolo. Adorabile testolina biondo ottone, come posso crederti? Mi vedi? Ho lo stesso colore di un fagiolo rampicante, pensi davvero che abbia il coraggio di perseguitare i radicali liberi, proprio io che ho smesso l'eskimo e le barricate un minuto fa?

E poi i costi. Centocinquantamila lire per un barattolo di crema che ne contiene una cucchiaiata. Non so voi, ma io quando metto la crema esigo un po' di soddisfazione. Non me ne basta un'unghia. Mi ci vuole una sacrosanta gnocchetta. Non rinuncio al piacere di imburrarmi il muso in ogni anfratto pattinando con le dita tra una rughetta e l'altra. E poi ho chiesto una crema. Non so se la metterò di giorno, di notte o all'ombra dell'ultimo sole. Ci vuole l'orario come per le pastiglie per la pressione alta? Niente. Come posso anche solo parlare, io che son piena di cellule morte. Che orrore. Penso di avere un ammasso di cadaverini sparpagliati sulla faccia. Ci vuole subito una mousse effetto peeling che raschia più della paglietta per le padelle.

Come vorrei avere la virtù di incantare gli occhi senza muovere un dito. Per poco, eh!?! Mi basta una settimana. Dicono che la bellezza sia questione di definizione. Ecco, per sette giorni soltanto vorrei essere definita come un DVD. E vedere che effetto mi fa.

Ed è subito herpes

Ognuno è solo sul cuore della terra trafitto da un raggio di sole, ed è subito... herpes: malattia psicosomatica, pare, che sale quando scendono le nostre difese immunitarie e le nostre quotazioni. Ignobile piaghetta che deturpa in maniera vergognosa l'armonia già precaria del nostro faccione. Inutile convincersi che tanto non si vede! Storie! Prima o poi gli altri lo notano. Anche perché, attenzione, l'herpes, quando viene, non guarisce mica dopo due giorni! Nooo...! Si ferma. Sta lì. Con la resistenza di un lichene islandico. Eventualmente si trasforma. Come un protozoo. Prima è una piccola stella, poi tutta la Via Lattea, e ancora una pralina, poi una prugna della California fino a raggiungere le sembianze di una piccola tartaruga d'acqua scuffiata per caso proprio sul labbro. A questo punto comincia la fase fossile. Si sedimenta. Come un minerale da collezione. Come la montagna che aspetta Maometto. Immobile, superba, granitica.

Nel frattempo il tuo fidanzato ti dice che non gli fai per niente schifo, ma intanto ti bacia di lato; e se sei veramente fortunata devi fare anche un importante colloquio di lavoro. E il tuo herpes sta lì. Tatuato. Una borchia. Una toppa di cuoio spesso. Perché comunque... vogliamo parlare della cura? Vogliamo parlare di quella specie di bava primordiale che si paga più dei marron glacé? Quella che ti vendono in un tubettino mignon che la metti una volta ed è già finita? Bene. Quella è l'unica medicina che rallenta la guarigione. Posso portare le prove. Ti senti sfrigolare il labbro? Con l'intenzione di prevenire l'avvento della schifezza metti la pomatina e sei sicura che dopo meno di un'ora ti è spuntata una bella pizza margherita sul labbro. E se metti le polverine il tuo destino non è affatto migliore. Quelle ti seccano tutto. Non solo il labbro. Anche il mento, il naso e parte delle orecchie. Ti senti crescere proprio un osso suppletivo. E non parliamo della trovatona del dentifricio che riesce a cuocerti anche gli incisivi.

L'unica soluzione rimane la seguente: se ti chiedono «Cos'hai lì sul labbro?», tu rispondi: «Ho fatto il piercing. Ma non è permanente».

Donna baffuta, sempre piaciuta.
Ma a chi?

È inutile foderarsi gli occhi con la pancetta. Fare finta che non sia vero. Madre natura ha deciso così. Anche noi donne, come gli uomini, abbiamo i baffi. Forse un po' meno, a volte, ma li abbiamo.

Una mia vecchia zia era così baffuta che sembrava Che Guevara. Cosciente dell'orrore, l'universo delle femmine si divide in tre grandi fazioni. Quelle che dicono: «Se ce li ho, serviranno». Per cosa? Per riparare il labbro dalle correnti d'aria o per sistemarci le luminarie di San Giovanni? Allora fai così. Tienteli pure. A Carnevale fai direttamente il sergente Garcia, che è una maschera che piace sempre tantissimo. Poi ci sono le donne di centro che invece optano per l'asportazione del pelo. Strisce di miele, rasoio, cesoie. In fondo rancarsi via i baffi è più facile che curare il beriberi. Ma purtroppo rimane ancora un gruppo di fesse indefesse. Di femmine trapanate nella testa. Quelle che i baffi li tingono. Quell'ossigeno che non arriva ai loro cervelli finisce sotto i loro nasi. E la cosa terribile è che non si tingono mai le bionde o le squinzie dai capelli dorati. No. Il tinteggiamento è prediletto dalle brune. Le vedi al mercato. Son tarocchi di Barbie con lo scalpo nero come la pece e spighe di grano sotto il naso. Brutte Cucinotte con deliziosi orsetti di peluche aggrappati alle narici. Ma dài, su...

Certo, così non siamo noi stesse al cento per cento. Ma siamo sicure che il nostro cento per cento sia così straordinario e imperdibile? Dubito. A una festa di compleanno mi sono avvicinata al mio amico Pino, grande *trombeur de femmes*, che se ne stava annoiato in un angolo come in attesa del pullman, e gli dico: «Pino? Come va?».

E lui: «Stasera, scogliera».

«Come scogliera?»

«Solo cozze.»

Crudele? No. Sincero. Smettiamola di credere che basti come siamo fatte dentro. Siamo noi che baciamo i rospi e quelli diventano principi. Non il contrario, purtroppo.

Brutta fuori
(dentro chissenefrega)

Reduce dai bagordi televisivi, mi corre l'obbligo di farvi partecipi di alcune deboli (come peraltro mi si confà) riflessioni.

Number one. Perché i nostri maschi si dimostrano implacabili nel giudicare le belle donne pubbliche pur dividendo spesso la vita con esemplari di femmine dallo charme e dall'avvenenza assai discutibili? «La Casta? Ma dài! Bella quella lì? Ma ti prego! Ci ha tutti i denti storti!» Amoreee... a me lo dici, che a quaranta anni tengo ancora l'apparecchio di notte perché ci ho i canini al posto degli incisivi e un surplus impressionante di denti del giudizio? Ma se la Marini per te è obesa, la Falchi è troppo finta e la Schiffer è racchia, spiegami com'è possibile che a me tu rivolga anche solo la parola!

Number two. Le belle donne. Quando vengono intervistate non fanno che ripetere la stessa tiritera: «Quello che più mi fa soffrire è che gli uomini si fermino solo all'aspetto esteriore e non cerchino di vedere come siamo fatte dentro». Ecco. A parte il fatto che, invece, in qualche modo che non sto qui a raccontare, 'sto dentro non vedrebbero l'ora di perlustrarlo, care bellone, tranquillizzatevi! Non è che per noi, che siamo così così, la solfa sia tanto diversa. Vi posso assicurare che nessuno ci salta addosso per vedere come siamo fatte dentro visto che di fuori lasciamo quel tantino a desiderare!

Number three. Quando un giornalista chiede a una bella donna quali siano i suoi difetti è assolutamente certo che lei risponderà elencando pregi. Tipo: «Sono molto sensibile» oppure: «Ho il difetto di essere troppo generosa». Ma senti un po', orgoglio dei manicomi... quelli sono pregi, non difetti! Perché non racconti che sei scorbutica come una cocorita, ignorante come una capra e con un cervello elastico quanto un cicles masticato da ore?

Sarà come dice Gaber: «Ognuno ha l'infinito che si merita».

Namibia mon amour

Ho deciso. Faccio così. Parto per un safari in Namibia. E al ritorno voglio un po' vedere se qualcuno mi chiede ancora come mai sia così pallida. Son trentasei anni che ho la faccia del colore di un tomino di Longo, possibile che nessuno se ne sia accorto? E poi vivo a Torino mica a Malibù... saranno almeno venti anni che per tenermi insieme mi trucco con la cazzuola... No. Ma non si tratta di reale interessamento, Qui si parla di professionisti della destabilizzazione psicologica. Ti si avvicinano con passi felpati da micio e poi quando meno te l'aspetti, come in un film di Dario Argento, ti squartano l'amor proprio con una rasoiata: «Ti vedo stanca... Ci hai una faccia così sbattuta... Stai male?». Che tradotto vuol dire: In che stato!... Sei più vecchia delle piramidi... Ti si è sfondato l'orologio biologico? E poi continuano: «Sei sicura di stare bene?». Guarda, se non *gamali* [*pedali*] velocemente e ti levi dal mio perimetro fra un po' starai male tu. Ce l'hai uno specchio? E allora vedi un po' se hai tutti 'sti motivi per far la furba. Sarai anche bianca e rossa come Heidi ma ci hai un fisico che ricorda vagamente un camino. Stretto in cima e svasato da basso. Complimentoni anche per l'abito che indossi con quella meravigliosa fantasia di ippopotamini grigi su sfondo rosa cicles. Sai cosa, mio bel musetto da spaccamaroni? Se fai domanda subito magari qualche pro loco ti carica su un carro di Carnevale e ti elegge *Bela tulera*. Dimmi un po'... Lo stato ti dà mica l'otto per mille perché hai subito un espianto parziale della materia grigia?... Dài, lo sanno tutti che anche tu ci hai le tue belle primavere sul groppone. Sai qual è il segreto della tua eterna giovinezza? La ciccia. Quella sì che spiana le rughe. Guarda le balene... non fanno una grinza. E Giuliano Ferrara? Di faccia dimostrerà dieci anni contati male. Pst, pst... vi dico due tecniche di difesa. Se uno vi importuna con stupide domande voi esclamate: «Io invece ti trovo ingrassata, hai messo su qualche chilo?». E poi quando vi chiedono quanti anni avete aggiungetevene una ventina. Così vi diranno almeno che li portate benissimo.

Un'estate al verde

Ragazze mie, comunque siamo a cavallo. Dopo anni di ombretti celesti e fard testa di moro, è finalmente uscita una linea di cosmetici tutta sui toni del verde. Eh, sì... un tocco di verde pare ci illumini lo sguardo, spalmato sulle unghie ci renda irresistibili e se poi lo mettiamo sulle labbra non ce n'è per nessuno. Tocca scegliere solo la nuance e abbiamo l'imbarazzo della scelta! Mela, salvia, oliva, smeraldo, pisello e persino verde latte. Esiste il verde latte. Sono certa che l'inventore di questa sfumatura è single come me e deve aver assistito dal vivo anche lui alla morte lenta del cartoccio aperto in frigo...

Comunque non ci piove. La prossima estate, amichine, vi voglio tutte verdi. E io per una volta nella vita potrò rilassarmi e sentirmi in pace con me stessa. Certo. Perché io sono verde dalla nascita. Non invidiatemi... son doni naturali. Ci sono donne che hanno un incarnato pallido, quasi etereo, Gaia De Laurentiis per esempio... Io ci ho lavorato con lei e l'ho vista bene da vicino. La sua pelle è di un bianco perfetto, perlato, eburneo. Un pallore nobile. Io invece no. Io non sono pallida, sono proprio verde. Il mio è un bianco muschiato. Più o meno il colore dei wafer del discount. Per anni ho evitato anche le lampade abbronzanti fino a che un paio di mesi fa la mia amica Elena mi ha convinto a sottopormi alla tortura. La signorina del solarium mettendomi subito a mio agio mi fa: «Allora, ti siedi. Schiacci start. Se scleri, schiaccia il bottone rosso che esce il vento».

Come se sclero? C'è questa possibilità? Cioè, c'è caso che l'occhio mi diventi tutto bianco e le vene rigide come baccalà? Misericordia... Ok. Ci provo. Magari mi allontano un pochino... non vorrei uscire dorata e croccante come la pancetta del bacon.

C.V.D. Dopo venti minuti di grigliatura sono più verde di prima. Meglio. Vorrà dire che sarò più trendy. Rimango così. *Nature*. Con questo muso che ha lo stesso colore della peronospora sulla vite.

Nel Regno di Epiland

Rassegniamoci. La brutta stagione arriva sempre. Si spatasciano i cachi, marciscono nei boschi le castagne, ribollono i tini rallegrando le anime (ma quando mai)... E la donna del Duemila? Lei, che vuole volteggiare sull'abisso del suo essere femmina e donna a tutti i costi, in autunno può smettere finalmente di strapparsi i peli o deve continuare a frequentare il meraviglioso mondo di Epiland? Son problemi. Anche se abbiamo già ritirato in naftalina la mini giropassera, dobbiamo continuare la tortura? E dico tortura a dispetto di quelli che sostengono che la ceretta non faccia male. Certo. Bruciarsi i peli col kerosene fa molto più male. C'è chi dice addirittura che il pelo sia una cosa molto naturale e femminile. Come l'imene. Grazie. Però il pelo invece di sparire cresce. Se io non mi sto dietro, sulle cosce mi spunta un prato verde. La mattina mi sveglio con la rugiada! E poi a casa da sola non me la faccio la ceretta, perché tanto so come va a finire. Metterla la metto, ma toglierla... ciao! *Mission: impossible*! Mi tengo 'sti fuseaux marron glacé e aspetto che si sciolgano come i ghiacciai d'alta quota.

Una soluzione molto pratica a questo punto potrebbe essere andare in bici a occhi chiusi. È un attimo rasparsi fino alle caviglie e, poi, tolte le croste, tolto tutto. Oppure puoi provare con la depilazione definitiva. Però ci vuole un sacco di tempo. Una mia amica l'ha fatta. Ci ha messo tre anni. Adesso non ci ha più un pelo sulle cosce... ma ci ha una barba!

Pare persino che i peli siano lunatici. Che crescano seguendo le lune. Quindi bisognerebbe stare attente. Fare un paio di conti. Allora pensavo: ma se vanno a lune, ci avranno pure qualcosa a che fare coi segni zodiacali. Donna leone? Ci ha il crinierone! Donna pesci? Fortunata. Ci ha le squame. E donna toro? Ci ha le corna. Beh. Purtroppo quelle se le tiene. Non c'è ceretta che tenga.

Su la testa

C'è un segnale inequivocabile. Un'azione apparentemente innocua. Un piccolo gesto che annuncia che... ok, hai cominciato finalmente a prendere la tua vita tra le mani. È quando riesci a dire al tuo parrucchiere che il taglio che ti ha fatto fa schifo. Che persino la cavia peruviana di tua cugina è pettinata meglio. Che la frangia non te l'ha scalata, te l'ha mozzata come la coda di un mulo e che, per non dare nell'occhio, non ti rimane che ragliare. Che se quella che ti ha fatto è una tinta, che vada pure a graffitare le metropolitane di Milano. Che persino le siepi di agrifoglio tremerebbero all'idea di farsi potare da lui.

Prima o poi ci farò un libro: *Lo Zen e l'arte di mandare a stendere il tuo parrucchiere*. Devo spiegarlo io? I capelli di una donna sono il termometro della sua anima. Quando una purilla sta male, cosa fa? Va dal parrucchiere. Prima ancora che dall'analista. Mette quel che ha di più vuoto tra le mani del coiffeur e si abbandona fiduciosa. E magari, all'improvviso l'incoscienza, gli dice la fatidica frase: «Fai tu».

Dire a un parrucchiere «fai tu» è un po' come decidere di fare *boungee jumping* senza elastico. Armato solo del suo ego colossale, come un boia al patibolo, lui darà mano alle forbici e taglierà. Tanto. Quei bei tagli asimmetrici, sfilacciati, impettinabili, portabili al massimo in sfilata a Milano Collezioni. E mentre mieterà e falcerà, ti dirà: «Tesoro, sei bellissima... ti mancano solo le ali per essere un angelo...», e tu penserai: "Ho le scapole alate, andrà bene lo stesso?". E soprattutto: "Quanto ci metterà mai un capello a ricrescere? Un mese? Un anno? Un decennio?".

Meglio così, comunque, che scegliere l'acconciatura sfogliando quei tremendi giornali che trovi solo dai parrucchieri, stampati in una specie di segreta tipografia di categoria. Un misto di teste a pera e tagli da Basil l'investigatopo.

E poi c'è il tocco finale. Una volta bastava la lacca a inchiodarti le chiome come Marion Cunningham di *Happy Days*. Adesso si va di gel, olio, schiuma, silicone... E così esci dal negozio che ci hai i capelli unti come dopo una settimana di influenza.

Tette & matite

Esperimento fallito, porca di una miseria... non l'avrei mai detto. Mi sentivo così sicura, così piena di me e invece... sarà stato un caso? Boh, io intanto col cavolo che ci riprovo. A fare cosa? La prova matita. Quella per verificare la prestanza delle tette. Vuoi sapere se il tuo è ancora un seno che può dare qualche soddisfazione? Fai così.

Prendi una matita e sistemala lì sotto. Se cade, tutto ok. Vuol dire che le tue tette se ne stanno ancora su, belle tronfie e sparate verso il cielo in atto di ringraziamento. Se invece la matita rimane incastrata là sotto come in un portapenne naturale, allora attenta a quelle due perché non tarderanno a deluderti.

Io devo essere disassata perché una matita cade e l'altra rimane incastrata. Vuoi dire che sono dissociata anche in fatto di tette? Non ci posso credere. Ho provato persino con un pennarello di quelli indelebili, per il vetro... uguale.

Secondo me è l'esperimento che è poco attendibile. No, dico... metti che sei piatta come un vassoio... chiaro che la matita cade... non ce l'hai il seno, sei piallata come una tavola da windsurf.

Chissà se la Marcuzzi ha mai fatto l'esperimento! Mi

sa che a lei sotto le tette stanno intere confezioni da ventiquattro di pastelli a cera punta larga.

Certo che siamo piene di fisse. Gli uomini mica la fanno la prova matita. Magari a quindici anni sperimentano il sistema metrico decimale calcolando la lunghezza della loro virilità, ma poi la smettono. Noi no. Siamo severissime con noi stesse e poi accomodanti come una cuccia d'angora quando si tratta di uomini. Diciamola, questa verità. Bello o no, basta che il rospetto ci faccia battere il cuore e siamo panate. Per dire... Luly adesso sta con uno che ha cento denti di cui almeno una diciottina non sono suoi. Sembrano fatti di latte condensato. Molly flirta con un infermiere che fa i prelievi e ci ha la faccia da Nosferatu e Cresy con una specie di Mister Bean, ma più brutto. Se ne vedono proprio di cozze e di crude.

Da domani in palestra

Il mondo dei viventi si divide in tre categorie: quelli che in palestra ci vanno sempre, più sudano e più godono, quelli che ci vanno il giorno dell'iscrizione e poi mai più e, per ultimi, quelli che dicono che ci devono andare e poi non lo fanno mai. Naturalmente io appartengo alla terza categoria. Ma a essere sincera una volta anch'io mi sono iscritta. L'avevo fatto perché il mio ragazzo, con l'intenzione di farmi un complimento, mi aveva detto che ero sì una ragazza carina, ma a toccarmi sapevo di poco. Era come mettere le mani nella minestrina. E così, con le lacrime in tasca e la verve di un celenterato, avevo varcato pure io la soglia della fatidica palestra cimentandomi subito con uno degli sport più difficili: lo squash.

Questo sport è una specie di tennis. Il vantaggio è che non perdi la pallina perché rimbalza da tutte le parti. Lo svantaggio è che perdi quasi sempre l'uso della cornea perché ti rimbalza sull'occhio. Infatti il rumore che fa è appunto: squash!

La palestra, in realtà, è anche un luogo di socializzazione. Si divide tutto. Attrezzi, macchine, verruche e funghi. A me piaceva molto la cyclette atta a sviluppare il grande gluteo, che un po' mi faceva pensare al Grande fratello di Orwell. La cyclette è un attrezzo comodo per noi morchie. Non ti devi sistemare le mollette sul risvolto dei calzoni, non fai coda ai semafori, non ti infili nelle rotaie del tram.

Per ultimo mi davo un gran da fare con il maniglione dei pettorali. Sì, perché il mio obiettivo era raggiungere la misura ideale delle tette che è a coppa di champagne. Purtroppo le mie, nonostante gli esercizi, sono rimaste a tappo, di champagne. Pazienza...

Molti mi dicono: «Eh, ma con quel fisico lì, così magrolino, così secco e rachitico, dovresti fare un po' di sport, anche per la difesa personale». Sai che faccio? Piuttosto mi compro una pistola.

Il fascino perverso
di una tartaruga Ninja

Eppure mi credevo una donna sveglia, inserita a pieno diritto nella performance dell'anno Duemila, e invece...

Faccio danni più della tempesta. Ho messo il bagnoschiuma nella vasca idromassaggio. È stato un attimo e ho visto un'enorme bocca di leone riempirsi di una specie di panna montata (il bagnoschiuma era alla vaniglia). Fortuna che stavo in albergo. Ho restituito la chiave della camera e me ne sono andata facendo anche un mezzo sorriso al portiere. Che demente.

È 'sta tensione al miglioramento estetico che ci frega, noi bei donnini... Perdiamo proprio il senso della realtà. Per esempio la mia amica Linda. Lei sostiene che esistano degli indumenti sexy per definizione. Vado a elencarli. Prima fra tutte la guêpière di pizzo nero, segue il body nero super sgambato e tangato sul didietro con la *filura ca fa sepultura* [*filo che porta alla tomba*], le calze autoreggenti, la minigonna, il tacco a spillo, l'unghia laccata rossa con rossetto annesso e per finire il reggiseno push-up. Questa, nell'ordine, la hit parade del sexy vestito. Che potrebbe anche essere.

Manca però la considerazione successiva, una domanda fondamentale che lei non si fa, e cioè: «Ma a me questi indumenti come stanno?».

«L'altra sera» mi racconta, «dopo l'ennesimo appuntamento lui mi invita a salire a casa sua per bere qualcosa. Iuppy. Mi spalma sul divano e preso dalle fregole comincia a spogliarmi. Io ovviamente non oppongo resistenza. Ma a un certo punto… stop. Si ferma. Classica marcia indietro. Mi dice: "Scusa. Ho sonno". Perchééé??? Mi ero messa addirittura la guêpière!»

Ma, Linda, pesi più di un capodoglio, ci hai il girocoscia di una sequoia! Quello del tuo boy è stato un attacco di narcolessia. Ha chiuso gli occhi per non vedere la realtà. Linda, se fai così non lo troverai mai il tuo brigadiere.

Quindi, per favore. Se ci avete il seno grosso, non spingetevelo ancora più su a gorgiera; se siete basse, evitate il tacco a pedana; se ci avete il culo a forma di Parmigiano, dite no alla *filura*. Si parla di buongusto. E non mi riferisco a Fred.

Centaure col pannolino

Io vorrei conoscere di persona gli ideatori della pubblicità degli assorbenti femminili. Secondo me sono tutti uomini. E sostanzialmente pazzi.

Io non mi do pace. Cercate di fare mente locale. Secondo loro, noi donne, durante tutto il mese non facciamo niente. Al massimo quattro salti in padella. Ma in quei giorni, e solo in quei giorni, ci parte una vena e facciamo nell'ordine: la ruota in palestra, la finale di un torneo di pallavolo, ci aggrappiamo a un semaforo e facciamo la giravolta, balliamo il tango, lanciamo gavettoni, si incastra una merda di aquilone su un albero e saliamo noi sulla scala a riprenderlo, saltiamo persino di schiena in ascensore per specchiarci il didietro e verificare che non ci siano tracce sospette (avendo noi messo, naturalmente, un bel paio di pantaloni bianco latte. Perché siamo cretine). Ma non è orribile? Non è assolutamente brutto da vedere?

Qualche anno fa ci facevano anche buttare da un aereo con un assorbente tra le sgrinfie, ma, grazie a Dio, ci hanno fatto perdere questa cattiva abitudine. Il problema comunque è stato presto risolto. Da paracadutiste siam diventate centaure. Eh sì. Se ci gira prendiamo l'assorbente e ci saltiamo sopra. Come in moto (di media o alta cilindrata, dipende dal flusso).

C'è invece chi, in quei giorni, fa la restauratrice. «E va de qua, e va de là, e fa er giro girotondo...» ma l'importante è che mette l'assorbente con le ali vive. Che impressione... Ci voglion far credere che 'sto robo ha a che fare con un uccello, ma lo sappiamo che non è la stessa cosa. Cosa dirà la LIPU?

Ma io mi chiedo: questi signori qui l'hanno mai guardata davvero una donna in quei giorni? Suppongo di sì. E allora perché non tentare di avvicinarsi alla realtà e di ammettere una delle poche verità consolidate? Le donne in quei giorni stanno male. A meno che non si gonfino di pillole, naturalmente. Starebbero tutto il giorno a fare la muffa sul divano, bere tisane e leggere «Torino-Sette». Non fosse che devono alzarsi per andare a lavorare non muoverebbero un alluce! Non hanno neanche voglia di scendere a fare la spesa, figuriamoci sfinirsi in palestra. Ma incaponirsi è inutile. D'altra parte per anni ci siamo fatti consigliare un formaggio molle da una coreana pur sapendo che da quelle parti non esistono nemmeno le mucche, figuriamoci se è il caso di insistere! È come se chiamassero me a fare la pubblicità del sushi nell'emittente nazionale di Tokyo.

O la borsetta o la vita

Come il rospo deve avere la sua foglia di ninfea, il tenente Colombo il suo impermeabile e Bertinotti il portaocchiali, così anche le donne per esistere non possono fare a meno di un accessorio vitale dal quale raramente si separano: la borsetta. Oggetto che distingue la donna dall'uomo, come fanno le corna con il toro e la mucca.

La borsa, per la donna, non è un complemento, un extra, un optional facoltativo. No. Fa proprio parte di lei, come una protuberanza naturale. Come il naso, per intenderci. Vedrete che a giorni anche gli scienziati troveranno nella catena del genoma umano femminile tracce di borsa. Basta tornare indietro nel tempo. Pensare alle nostre antenate. La Befana, per dire. Mica viaggiava sola soletta con la sua scopa. Ci aveva fior di gerla capiente appesa alle spalle. E la spiralidosa Mary Poppins? Cosa non mi tirava fuori da quello sportone? Già. Perché la caratteristica fondamentale dell'aggeggio in questione è il peso. Di solito una borsa come si deve pesa più o meno come una vacca di Pragelato. Perché noi ci teniamo dentro tutto. Dal portafogli alla manopola del gas che non si sa mai che nei nostri giri trovassimo una bottega che la ripara. E anche il portafogli del nostro boy che, come al solito, se ne approfitta. E se adesso va di moda la micropochette, non c'è problema. Gonfiamo anche lei fino all'orlo come un calzone ripieno. La borsa ha da essere riempita. Sta scritto nella sua natura di borsa.

Al momento la mia contiene: due libri pesanti, la raccolta punti del supermercato, i braccialetti antinausea per l'aereo, il telefonino, quattro o cinque specie di caramelle, la pomata per l'herpes, uno stecco usato del ghiacciolo, una manciatina di liquirizie sparse, il biglietto da visita di una pizzeria, due carte di imbarco usate e le lacrime artificiali per le lenti a contatto. Manca ovviamente il portafogli che sta ovunque meno che in borsa. E le chiavi. Che riposano sedimentate sul fondo. Se mi portavo dietro la casa come una lumaca o una tartaruga facevo prima.

Istruzioni per l'uso

Proviamo così. Che ognuno stila su di sé un libretto di istruzioni personali. Una sorta di bugiardino con avvertenze, controindicazioni ed effetti collaterali. Quando ci si incontra, un fugace bla bla, poi zac... ciascuno sfodera il proprio manualetto. Non si spreca neanche un decilitro di fiato... «Qua ci sono le istruzioni per l'uso, leggile attentamente, imparati tutte le mie funzioni, non sono più in garanzia ma comunque richiedo poca manutenzione.» Fatto. «Ti appaio un marchingegno troppo complicato? Pazienza. Avanti un altro.»

Nella prima pagina, mi raccomando, annotate la hit parade delle vostre intolleranze. Il mio libretto di istruzioni (un tomo di un paio di chili almeno che è già alla settima edizione) recita così: Io, Luciana Littizzetto, detesto nell'ordine:

A) Quelli che dicono: «Ti conviene...». Sei lì che guidi e loro: «Ti conviene fare inversione a U...». Stai per sfornare il soufflé e loro: «Ti conviene lasciarlo riposare...». Ti si è sfiondata una lente a contatto nel buco del lavandino e loro: «Ti conviene...». Ma senti un po', sapientino scuola, cosa mi convenga lo so io, lasciami sprofondare nello sterco delle mie incoscienze, *please*...

B) I produttori sani di domande imbecilli. Tipo che ti

sei rotta un braccio e la loro furbissima domanda è: «Ti sei fatta male?». Secondo te, cervello defunto? Pensi che ingessarmi gli arti sia il mio hobby preferito? O credi che questa sia una trovata della moda mare *fin de siècle*?

C) Quelli che pur abitando molto fuori Torino sostengono di metterci meno tempo a raggiungere il centro città di quelli che a Torino ci abitano proprio. Ma, scusa se mi permetto, gran mogol degli imbecilli: vivi in un eremo raggiungibile solo col gatto delle nevi, che d'inverno è affondato in una nebbia densa come orzata e d'estate soffocato dalla savana, tutto una mulattiera e una strada sterrata, e mi arrivi in centro prima di me che abito in piazza Sofia? Allora fai così: stai lontano dal mio perimetro.

Gli uomini normali non esistono

Debole considerazione adatta all'inizio dell'estate. Mettiamocelo bene in testa, cacciamocelo nel cranio a furia di martellate: di uomini normali non ne esistono in circolazione. Ce ne saranno in Italia al massimo una dozzina e uno è di sicuro il marito di quella cretina della vostra vicina di casa che non avete mai potuto sopportare. Quella che ha l'acume del pupazzo Furby, il cervello di tufo e le unghie così lunghe che non si sa come faccia anche solo a schiacciare gli interruttori della luce.

Gli uomini, per noi single già un po' frollate, qualcuna anche bella brasata, sono gli avanzi di magazzino. Quelli fallati, gli scarti, i resi. La domanda sorge spontanea. Ma scusa, se secondo te i maschietti rimasti soli sono difettosi, allora, se tanto mi dà tanto, anche le donnine libere troppo a postino non sono. Errore. Errore madornale. Perché esiste uno scarto numerico che ci libera dall'incubo di essere femmine imperfette. Eh sì: noi siamo più di loro. È così. Per ogni uomo ci sono sette donne e mezza in stand-by pronte a scagliarsi tra le sue braccia. Ed è chiaro quindi che ogni tanto cadono nel vuoto, si lanciano a corpo morto e precipitano a terra spalmandosi come fette di pane e Nutella.

Che fare? Adeguarsi... cosa nient'affatto facile soprattutto perché i maschietti liberi sono sempre faticosi. Incapaci di affrontare la vita senza crogiolarsi nel guano delle loro depressioni. Prima fra tutte le lamentazioni, la terribile, spaventosa e inarrestabile caduta dei loro capelli. Un argomento che ci sta a cuore meno della coltura della soia nella Bassa Padana. «Ma, secondo te, sono stempiato?» Stempiato... stempiato è una parola grossa... sei praticamente calvo, amore deficiente che riluci al sole col tuo frontone liscio come la ceramica inglese. Certo che li perdi i capelli, la mattina il tuo cuscino sembra di peluche e il tuo cranio una tundra coperta solo di muschio e licheni. E adesso ti piazzerò in fronte anche un bel paio di corna così fai la renna, tesoro pitipù!

La donna ha il cuore nelle scarpe

Volete sapere il segreto per conquistare una donna? Niente fiori né opere di bene. SCARPE. Occupatevi dei suoi piedi e lei si occuperà del vostro cuore.

Ma quali fasci di rose rosse, ma quali bouquet di mammole?! Date retta a me: mazzi di scarpe. Questo è il desiderio inconfessabile di ogni femmina. Vedersi recapitare a casa dall'Interscarpa un'enorme fascina di scarpe miste. Stivali a mezza coscia sul fondo per sostenere il mazzo e sul davanti sandali, décolleté dal tacco audace, zatteroni, anfibi, college, pantofole pelose a muso di topo e ciabattine argentate con tanto di piume di colibrì. Il tutto mescolato a infradito miste. E lì, pinzato sulla fibbia dell'ultimo sandalo, un bigliettino: «Seguimi».

Costoso? Giusto un pelo. Ma si va sul sicuro. E poi le scarpe non appassiscono. E tendenzialmente le donne le buttano a fatica. Sono monumenti del tempo, ricordi di strade, memorie di cammini passati. Vanno tenute. A costo di scialacquare interi stipendi in scarpiere. D'altronde siamo figlie di Afrodite, la dea dell'amore che viaggiava nuda come un verme, ma con i sandali ai piedi. E poi si sa: una scarpa può cambiare una vita. E Cenerentola lo insegna. Per non parlare degli stivali del Gatto dagli stivali, ovviamente...

Comunque le donne non comprano le scarpe per necessità, visto l'esubero costante. Il loro è un piacere, un gusto perverso, un bisogno impellente a cui è difficile sottrarsi. Un'urgenza, insomma, tipo la pipì che anche se ti sforzi non te la puoi tenere. Come si fa a resistere a un tacco a spillo? Metti che lui dopo cena, in preda alle fregole, voglia bere lo champagne dalla tua scarpa. Puoi mica dargli un anfibio... devi avere per forza il décolleté da *grande soirée*, che calza comodo come un guanto. Da pugile. Dicono che l'incremento della sporgenza dei glutei in una donna che indossa tacchi alti è di circa il venticinque per cento. Secondo me si può fare di più. Con un bel paio di tacchi a gradino ti viene un fondoschiena da permesso edilizio.

Se lui è traditor

Povera la mia amica Luly. Pensava che il suo fidanzato la tradisse. E noi, le amiche: «Ma no, figurati, quell'uomo lì ti adora…».

Lei non demorde e ci coinvolge in un appostamento in macchina sotto casa del suo lui alle tre del pomeriggio. Siamo io, la Molly, l'Elvira e ovviamente la Luly. Temperatura interna dell'abitacolo quarantacinque gradi la minima (cosa non si fa per le amiche). Cosa non si fa per le amiche. Arriva lui. Bello come uno zio greco, accompagnato da una tipetta di quelle molto cotonate anche nel cervello. Crisi di nervi della Luly. E noi: «Ma no, ma no, figurati… un uomo non può avere delle care amiche?». (No. La risposta è no. Soprattutto alle tre del pomeriggio. Soprattutto se le vede da solo.) Luly, con la furia di un'erinni, scende dall'auto e si fionda in casa. Lui apre la porta in boxer, coi capelli a covone di paglia, lo sguardo sereno del conte Dracula e le fa: «Non è come credi».

Non è come credi?????? Ma lurido verme dell'humus, brutto porco senza fantasia… come puoi essere così sconfinatamente idiota? Stai zitto. Metti in moto quei due neuroni che ti rimangono e taci. Non ne possiamo più di questi: «Non è come credi, io ci ho anche un po' la mia vita, ho paura di innamorarmi troppo, ti voglio bene ma ho bisogno di stare un po' da solo...». Ma soprattutto basta con il: «Ti lascio perché non ti merito. Meglio per te che io sparisca».

Senti un po', Jack squartatore delle mie budella... cosa sia meglio per me permetti che lo decida io. Capito, cacca di mosca? Dicono che un grande amore basti a se stesso. E se io mi fossi innamorata di te che sei nell'ordine racchio, codardo, mezza pippa e deficiente? E allora? Che devo fare? Beh, nulla, amiche mie. Permettetevi il dolore e lasciate che sia. Quando la diga delle vostre lacrime sarà prosciugata, sarete pronte per una nuova caccia all'uomo. E se vi viene voglia di chiamarlo? Se non riuscite a stare ferme con le mani nelle mani? Infilatele nella candeggina e smacchiate il guanto da forno.

Tre menzogne da conquista

Se soffrite di mal d'amore, gallinelle, e nessun ragno, ratto o rospo pare sia disposto a lasciarsi baciare da voi, fate come la mia amica Molly. La solita. Maria Adelaide. Che si fa chiamare Molly per via del nome uguale all'ospedale. Lei gli uomini li invita a cena. Anche i più renitenti. E poi usa tre tattiche consolidate. Tutte basate sulla menzogna.

Prima cosa le lasagne al forno. Piatto imprescindibile. Perché? Perché la lasagna soffocata nella besciamella appioppa un peso digestivo importante e costringe tutto il sangue a defluire dal cervello. E un cervello vuoto, si sa, è molto più indulgente. Molly è sempre stata un po' psicologa, nonostante si sia laureata in Storia del melodramma. Ah. Le lasagne sono surgelate, ci mancherebbe. Ovviamente dite che le avete fatte con le vostre manine. È un peccato. Ma veniale.

Secondo stratagemma. Appiccicate in giro almeno una decina di post-it con su scritti finti numeri di telefono di uomini inesistenti. Tipo. Benito 011-5678..., oppure Amedeo 0337-32286..., Pier Ugo 051-676789... Uno sul frigo, un altro sulla biscottiera, un altro ancora sulla foglia pelosa della Sanpaola. Che il nostro fringuello capisca subito di non essere il solo a svolazzare su queste fiorite fronde.

Terzo escamotage. Appendete in cucina una piccola bacheca e fissateci su, con le puntine da disegno, cinque o sei foto di uomini orrendi. Prodigi di bruttezza. Principi di vermi. Meduse pallide come la crosta del brie. E dite che sono vostri ex. Vedrete che magia. Il vostro Omino del Tucul si sentirà subito un portento di figaggine e si dimostrerà immediatamente pronto a spiegarvi cosa sia davvero un vero uomo.

Molly è una classe A. Mi ha detto che ieri notte ha di nuovo colpito nel segno. Questa volta un agente di viaggio. Quando l'ha visto nudo è rimasta un po' delusa. Gli ha detto: «Neanche in India tanta miseria». Ma poi ha dovuto ricredersi. Un amante appassionato. Dice che el Niño, quando si scatena, in confronto a lui fa meno casino. Ha dovuto dire: «Basta, basta». Le ho detto: «Molly? Almeno hai preso delle precauzioni?».

E lei: «Certo che sì. Non gli ho neanche lasciato il numero di cellulare!».

Afrodisiaci all'ingrosso

Adesso basta. Nel giro di una settimana ho letto il ventesimo articolo sugli afrodisiaci. Sarà molto trendy, per carità, ma io comincio a manifestare i primi segni di insofferenza. Ormai sugli afrodisiaci so tutto. Tutto so di questi cibi, di questi profumi, di questi gusti che stimolano il desiderio amoroso. Che risvegliano l'allegria genitale. Potrei scrivere una Treccani intera. Che io sappia, sono afrodisiaci le ostriche, il sedano, il tartufo, poi l'asparago (un po' anche per la sua forma), la cozza (un po' anche per la sua forma), alcuni vini, molte spezie, il caffè, la cioccolata, il fico, la mandorla, il dattero, la banana... tutto. Praticamente, tranne le pigne, i licheni e l'osso del prosciutto, è tutto afrodisiaco. È vero che in fondo non siamo che un impasto di molecole che vibrano come e quando vogliono loro, però un minimo di buon senso, signori, dovrebbe regolare la nostra follia!

Una volta un tipo mi ha invitata a casa sua per una cenetta. Si vantava di essere un cuoco eccellente. Effettivamente non era Pinin Cipollina, ma se la cavicchiava abbastanza bene. La cena era studiata nei minimi particolari. Musica carina, luci soffuse, tutto il giusto preludio per il ciupa dance...

Antipasto: ostriche. Che saranno anche afrodisiache,

ma a me fanno schifo. Passi per il sapore, che mi ricorda vagamente un infradito di gomma in riva al mare, ma è la consistenza che mi stringe il pomo d'Adamo. Come il dentro del caco quando è maturo. E poi le ostriche, per chi non è avvezza, son anche difficili da mangiare! Cosa fai? Succhi? Le spatoli via con la lingua? Dài, non è un bel vedere! Ma non è meglio la polpa di granchio a bastoni che è anche più comoda?

Poi. Cosa mi fa l'arrapato? Di primo il risotto al tartufo che sapeva di piede, di secondo asparagi bolliti con una salsa bretone all'aglio, «aiolì» la chiamava (che... vi lascio immaginare), e per finire caffè arabo speziato. Naturalmente non è successo nulla. Primo perché pensavo di morire tanto ero gonfia e secondo perché con questo qui non ci avevo nessuna confidenza. Infatti il problema sta lì. Se tu hai già l'idea, la persona giusta, l'atmosfera che ti va, il piatto afrodisiaco certo ti dà una mano, ma altrimenti... ciccia. Io mi ricordo soltanto una volta in cui il cibo è stato davvero il preludio di una grande performance amorosa. E sapete che cosa avevamo mangiato? Speedy pizza e ghiacciolo.

Le parole che non ti ho chiesto

Mi avete fatto delle conquiste? Che so, un bel tuareg, una facciottina nera dell'Abissinia o anche solo un bagnino di Ospedaletti? Felicitazioni. Peccato che il vostro amore palpiti a tonnellate di chilometri da voi. Che fare?

Anche se vi prudono le mani, possedete tre telefonini a venti bande e fate la centralinista di professione, non chiamatelo mai. Aspettate che sia lui a farlo. Siate regine. Vedrete che il suddito vi chiamerà. Comunque, nel caso, contenete il tripudio. Niente petardi, fischioni e tricche tracche. Nessun: «Ciaaaaaaoooooo» strascicato per venti minuti. Controllo, *please*... e poi chiudete voi per prime. La durata media di una telefonata di un corteggiatore oscilla tra i quattro e i cinque minuti. Non un decimo di secondo in più. Come fare? Semplice. Appena squilla il telefono, programmate il timer del forno. E alla fine congedatelo dicendo: «Mi dispiace, devo andare, il mio posto è là»; oppure: «Scusa, ma mi parte il Pendolino delle 16,40»; o ancora: «Beh, ora ti saluto perché mi stanno chiamando da Montecitorio»; o al massimo: «Mi ha fatto piacere sentirti, ora vado che mi suona al citofono Joaquín Cortés».

E passiamo alla questione segreteria. Se aspettate la sua chiamata, evitate di lasciare nel messaggio indicazioni precise su come fare a rintracciarvi. Tipo: «Salve, sono Luciana. Purtroppo non sono in casa ma state tranquilli. Mi potete scovare in ogni momento. Dalle 8 alle 8,30 sarò al bar Laguna Blu a fare colazione, il numero è 011-87777... verso le 9 mi sposterò al Bancomat di via San Donato ma mi fermerò giusto cinque minuti perché poi andrò dritta dal lattaio di corso Regina che risponde del numero 011-2245...».

Vi prego. Lasciate che il vostro cavaliere della mutua si dia il suo bel da fare. Anzi. Magari vi consiglio il mio messaggio in segreteria che dice: «Io sono fuori. E voi?».

Fine di una (ove story

Una cosa mi ha sempre sconvolto in fatto di amori e innamoramenti: come sia facile perdere l'incanto. Cioè quel sortilegio, quella strana magia che ti fa battere il cuore per uno e non per un altro. E siccome si tratta di una malia fatta di alchimie strane, basta un particolare, un nonnulla perché un sentimento che ardeva come un barbecue si spenga di colpo. A me è capitato spesso.

Una volta sono uscita a cena con un tipo che mi piaceva parecchio. Seduti al tavolo, io ho ordinato prosciutto crudo. Lui una costata poco cotta, molto al sangue. Lo guardavo mangiare e mi pareva di assistere a un intervento chirurgico a cuore aperto su una mucca viva. Non pago, a un certo punto abbranca l'osso e comincia a scarnificarlo coi denti. Sembrava *Il silenzio degli innocenti*, quando Hannibal the Cannibal mangia il naso della guardia giurata. Io finisco il mio prosciutto e lascio da parte il grasso. Lui lo vede e con occhio lubrico mi fa: «E questo? Non lo mangi? Ma è il più buono!». E alè. Razziato anche quello. E a mani nude, che fa anche più schifo. Quella sera l'ho salutato e non ci siamo visti mai più.

Anche la Molly ha smesso di spasimare per uno quando l'ha visto mettere un dito nel latte per sentire se era caldo. Elvira invece ha perso l'incanto dopo aver scoperto che il suo amato era appassionato di pitoni e li allevava in casa.

Comunque questa del disincanto non è una prerogativa solo femminile. Anche agli uomini succede di disamorarsi per una sciocchezza. Le spalline di gommapiuma, per esempio, fanno agli uomini lo stesso effetto che fa l'aglio ai vampiri. Anche il rossetto sugli incisivi è un discreto deterrente. Il mio amico Ettore racconta di aver lasciato una dopo averla vista mentre, con un sapiente movimento del mignolino, si disincastrava la mutanda dal didietro. Anche Walter smise di colpo di corteggiare una tipa fichissima. A una festa si avvicinò, le sussurrò piano all'orecchio un complimento e lei con un fil di fiato: «Grazie». Da allora non la vide mai più. Ci aveva un alito che sembrava avesse mangiato una Clark's.

La crisi del settimo

La mia amica Molly è depressa. Dice che tra lei e il suo lui è cominciata la crisi del settimo. Anno? No, giorno. Si sa i tempi oggi sono sempre più ristretti.

Pare che lui non sia più quello di una volta. Tipo che fino a mercoledì quando lei gli telefonava si dimostrava carino, affettuoso, dolcissimo... rispondeva con frasi del tipo: «Ciao micina, che piacere sentirti... come stai? No che non mi disturbi, tu non mi disturbi mai, sei sempre una virgola piacevole nel mare dei miei puntini puntini» (lui è tipografo).

Da ieri, settimo giorno, lei lo chiama: «Ciao amorino, sono Molly», e lui: «Sì, dimmi». Come "Sì, dimmi"?

«Veramente non ho niente da dirti...»

«E allora perché mi hai chiamato? Sei scema?» Ecco fatto. Incantesimo rotto. Funestato dall'abitudine... (capirai...)

Ma Molly non si rassegna a perdere il suo Devis (si chiama Devis perché è nato durante la finalissima di coppa). Si tratta della classica sindrome del seme di pomodoro. Ciò che diventano gli omini quando cominciano a sentirsi legati. Piccoli, poco nutrienti, pelosetti e scivolosi. Quando il gioco si fa duro, i duri si chiedono se è il caso.

Ma esiste una categoria di donne vincenti da sempre: le stordite. Quei donnini un po' ebeti (che lo facciano o lo siano è irrilevante) che passeggiano sulle nuvole, ridono a sproposito, sbattono i ciglioni come ventagli spagnoli e, attenzione, rispondono sempre molto in ritardo alle domande che vengono fatte. Esempio. Il lui *corteggiateur* si avvicina e le chiede: «Che fai domani?». Silenzio. Risposta non pervenuta. Seconda domanda: «Ti piacciono i peperoni?». Zero al cubo. Nessuna replica. Si prova con la terza domanda: «Preferisci Franco o Pippo Santonastaso?». E qui sta il colpo di coda. Risposta: «Domani vado dal pedicure».

E lui? Sbammm! Folgorato. Amore allo stato fuso.

Sono costernata. Mi sa che il vero uomo è un po' come l'apparizione di un UFO. Tutte un po' ci credono, tutte un po' ne parlano, ma nessuna giurerebbe davvero di averlo visto.

L'unico bacio

Parliamo di baci. E stabiliamo finalmente delle regole.

La prima è che se si bacia con la lingua si è fidanzati. *Bon.* Non voglio sentire repliche. Basta con gli equivoci. Se la lingua batte dove il dente duole (o anche un po' più giù, chissenefrega) scatta automaticamente la storia d'amore.

Poi. Baciano meglio le rotondette perché (questo è scientifico) ci hanno più estrogeni nel sangue. Quindi voi, belle balenghe che vi ostinate con le diete a diventare secche come un filo di erba cipollina, sappiate che bacerete poi con la stessa verve di una cocorita.

Attenzione. Come il desiderio di baciarsi annuncia l'inizio di un amore, così la mancanza di questo medesimo precede la fine. Insomma. Se voi vi avvicinate al vostro ragazzo con gli occhi chiusi e la bocca protesa a ventosa e lui ruota la testa di centottanta gradi, fa un salto mortale all'indietro, si lascia scivolare in basso come un paciocchino molle, cominciate pure a preoccuparvi.

Di solito succede più o meno così. Si passa dal bacio coi controfiocchi (che è quello della prima settimana) a quello sulla bocca ma più casto. Poi viene quello sfiorato, quello di lato (che se non avete l'herpes è davvero l'inizio della fine), e ancora quello sullo zigomo. Si finisce con il bacio sulla fronte tipico del moribondo. Da lì alla stretta di mano il passo è brevissimo.

Un pelino rischiosi sono i baci «barbuti». Sì, perché la barba del maschio è un ricettacolo di odori. Annusandola da vicino puoi scoprire se è stato al ristorante cinese e da quanti giorni, se fuma e quali sigarette, e ancora se a pranzo ha mangiato pizza o coniglio al marsala.

Io patisco i baci di rappresentanza dati per finta. Senti un po', mio bel deficiente cicisbeo, o mi baci o non mi baci. Ti ho chiesto qualcosa? Sei tu che hai preso l'iniziativa e allora non fare finta. Non mi appoggiare il tuo zigomo contro la mia guancia prima di qua e poi di là. Cos'è 'sto *pas de deux*? E stringimela, la mano, non porgermi un'orata tiepida. Guarda... se mi baci come si deve ti do settemila.

Racchi o figoni?

Domanda del secolo: «È meglio stare con un uomo bello o con un uomo brutto?». Che sarebbe come dire: «Preferisci un Dolcetto di Dogliani Doc del '95 invecchiato in botti di rovere o un bicchiere di pioggia?».

Per evitare l'ovvio si scivola nel classico: «Preferisco un uomo magari non bello, ma interessante». Ed eccoci precipitati nel baratro. Quali sono gli uomini interessanti? Io ho maturato questo assioma: diconsi uomini «interessanti» coloro i quali mostrano in sé qualcosa di particolare e curioso. Quelli in pratica a cui puoi dire: «Che interessante...». Esempio: «Che interessante quel tuo naso a topinambur... quanti nei, sembri un dalmata, che interessante...» oppure: «Che interessante quel catalogo di pipe che tieni sotto al braccio...» o ancora meglio: «Che interessante quell'attico di trecento metri quadri che hai a Courmayeur».

Insomma che siano belli come gemelli di Andy Garcia o sexy come topini di campagna non ci frega... quello a cui tendiamo le nostre più o meno pargolette mani sono i dettagli, le sfumature. In amore sono importanti le piccole cose. Che ti regali un fiore? No, molto meno. Che si lavi i piedi, per esempio. Che non sia della banda della goccia e che tiri su l'asse quando va a far pipì, che eviti i défilé in calzino corto e pancera, che non esamini il fazzoletto dopo che si è soffiato il naso, che non si raschi la placca col tappo della bic e che quando russa si giri almeno dall'altra parte. Eh sì. Gli uomini sono espertissimi nelle piccole cose di pessimo gusto. Per loro intimità significa non nasconderti neanche un dettaglio della propria vita corporea. Una funzione normale dell'essere umano è digerire. Però non c'è bisogno che lo sappia tutto il condominio. Ma loro non ce la fanno. Ruttano come lavandini disgorgati dall'idraulico liquido e poi ti sorridono sereni, con la faccia da Braccobaldo Bau, magari chiamandoti tesoro. E per gli amanti della tradizione c'è sempre l'antico scherzetto del mignolino tirato. È proprio vero quel che dice il proverbio: «Amore, merda e cenere son tre cose tenere».

L'eleganza è dentro di te.
Ma dove?

Avete aperto le finestre al nuovo sole? Ciurme di formichine ballicchiano sulle piastrelle del vostro cucinino? Vi innamorate inspiegabilmente di chiunque vi capiti a tiro? Bene. Vuol dire che è proprio arrivata la primavera. E mettiamo che un nuovo ipotetico lui vi inviti fuori. Cosa fare quando scatta il fatidico primo appuntamento?

Innanzi tutto non prendete un giorno di ferie per farvi belle. Non dico di arrivare da lui con un metro di ricrescita nero petrolio o l'orlo della mini smangiato, ma niente eccessi. Niente top viola ad acini e pampini, niente tacchi a ferro da calza o borsette di tapiro. Pochi gioielli e pochissime lampade. Non siete la Madonna d'Oropa. L'eleganza sta dentro di voi, mica nel pitone del vostro giubbino. Quando vi suona, fatelo aspettare. Non scendete con la foga della Compagnoni travolgendo i potus dei pianerottoli. E se non siete pronte, ci avete ancora il naso impastato con la maschera al mango e rondelle di cetrioli pigiate sulle orbite, non fatelo salire. L'idea di come sia il vostro nido dovrà accompagnare i suoi sogni per molto, moltissimo tempo. Lasciate che immagini dove vi accucciate la notte, dove vi tagliate le unghie dei piedi, dove vi ingozzate di testina di vitello. Se siete a cena e avete il presentimento che la vostra acconciatura stia pericolosamente franando, passatevi con nonchalance la mano tra i capelli. Evitate di spostarvi la frangia a suon di pernacchie. Se invece è il trucco a risentirne, non sfoderate il cofanetto portaombretti a margherita 70x70, sistemandolo sul piatto fondo. Levate le tende e restauratevi in bagno. E non schiacciatevi i punti neri approfittando dello specchione, che poi si vede! Non cercate di riempire i silenzi e trattenete le risate col risucchio. Guardate spesso l'orologio. Così. Per dare l'idea che il tempo con lui non è vero che non passa mai. E, a fine serata, non rovistate per dei quarti d'ora nella borsetta a secchiello fingendo di non trovare le chiavi. Salite e, se ci avete una voglia incontenibile di baci, avventatevi sul puff del salotto.

Se un boy ama una girl

Continuiamo a indagare debolmente nel misterioso mondo dei boy e delle girl. La saggezza non è mai stata il mio forte, ma ho dato tanto per la ricerca, più di trenta ore... e poi mi intendo di pirla. E allora ci provo.

Uno dei difetti dell'essere umano che proprio non riesco a mandar giù è la pigrizia. La molle lentezza dell'accidia. E in fatto di indolenza, scusate se mi permetto, i maschi sanno essere dei fuoriclasse.

Credo che la palma d'oro spetti a un ex fidanzato della Molly che non si degnò mai di accompagnarla a casa perché non voleva spostare la macchina e rischiare di perdere il posteggio. Al limite la scortava in pullman... roba da manicomio criminale.

Certo, meglio lui che gli uomini senza patente. Se tu, essere per tua natura denominato maschio, non hai la patente per qualche motivo fisico, ok. Non ho rimostranze. Ma se la tua è solo pigrizia allo stato puro o, peggio ancora, sei animato da false convinzioni ecologiche, che peste ti colga. Io li detesto quelli che dicono: «No, io la macchina non la prendo perché inquina». Ok. È cosa buona e giusta. Allora muoviti a piedi, in bici, sul tapis roulant, usa il monopattino, veleggia in aliante, prova a spostarti nell'aria come il mago Copperfield, ma non stracciare l'esistenza a me chiedendomi di venire a prenderti sotto casa, immenso pirla che non sei altro! Fammi capire: per quale cavolo di motivo mai la mia auto non inquina e la tua sì? Tu sei pazzo, amico ciliegia, sei pazzo e pericoloso.

Poi i pigri doc hanno un altro vizio difficile da estirpare: svernano in bagno. Come le talpe di inverno nel loro cunicolo. Lì ci conservano collezioni complete di fumetti e numeri rarissimi di rotocalchi sportivi. Ci vorrebbe un'impresa di derattizzazione per stanarli.

C'è comunque una prova inconfutabile per verificare l'entità della pigrizia del vostro lui. Il modo in cui fa pipì. Datemi retta. Spiatelo. Se fa la pipì da seduto rassegnatevi. Se si stanca a fare quello, figuriamoci il resto.

Mister Boia

Prima una sottile sensazione di soffocamento. Poi un leggero magone. E, costante, una piccolissima lacrima che non scende giù. Rimane lì, dentro l'occhio e ti fa vedere il mondo a bagnomaria. Son questi i sintomi che compaiono quando si ha a che fare con uomini e donne senza cuore. Sue altezze i bastardi. Casta mai estinta. Tocca essere un po' medium per sgamarli al primo colpo.

Brutta storia quando scopri che ti ci sei pure fidanzata. Io ne ho conosciuti parecchi. È un po' una mia prerogativa. Anzi. Sta diventando quasi una dote.

Indiscutibilmente il tarlo mi attrae. Più dell'uomo che ci sta attorno. Una volta frequentavo un tipetto che quando si trattava di parlare d'amore si sforzava proprio il minimo sindacale. Io gli dicevo: «Ti amo», e lui: «Idem». «Mi piace stare con te», e lui: «Anche io» (aveva qualche problema con la grammatica). «Ho bisogno di te» (io quando mi dichiaro sembro gli spot della pubblicità progresso), e lui: «Pure io». Alla vigilia di una sua partenza gli sussurrai piano all'orecchio: «Mi mancherai», e lui: «Eh, ti capisco, sono diventato così importante per te…». Diciamo che non era proprio un fuoriclasse del romanticismo. La cosa più svenevole che fece per me fu quella di mettere il mio nome alla sua gatta soriana: Lucy. Una micia brutta e sorda. Che belle soddisfazioni. Ah, dimenticavo. Mi fece anche un dono. Una mozzarella di bufala che, per ovvi motivi, non ho potuto conservare.

Nell'attesa che un buon samaritano mi regalasse un pezzo di montgomery, ne conobbi un altro. Mi sembrava meglio. Sbagliavo. Andammo in riva al mare. Notte. Risacca. Luna brillante. Mi aspettavo da lui frasi del tipo: «Guarda che luna, guarda che mare, folle d'amore vorrei morire...», roba leggerina, insomma. Lui mi stupì. Fissò a lungo la luna. Fece un lento sospiro. Mi guardò negli occhi e con voce suadente disse: «Che luna... quella giusta per imbottigliare il vino».

Sospirì d'amore

Amiche solitarie come vermi, desiderose di incontrare finalmente un uomo che anneghi nelle vostre bave, date retta al vecchio proverbio romano: «Vòi fatte ama'? Fatte sospira'!». Che, in parole povere, sarebbe: non siate subito pronte e disponibili. Tenetevi un po', su...

Esempio. Lo conoscete a una festa e vi intrattenete amabilmente con lui per tutta la sera. Al momento del congedo vi chiede la biro per segnarsi il vostro numero di telefono. E voi che fate? Non sfoderate l'intero portapenne e la cartuccera di pennarelloni Carioca dicendogli: «Scegli tu. Vuoi la penna blu, azzurro Tiffany, verde cavolo cotto o rosso cinnamomo? Preferisci quella che scrive profumato o propendi per la mina-mì che ti sputa puntine di matita sempre nuove?». No. Lasciate che si sbatta. Trovare una biro sarà mica difficile come cercare le pepite d'oro nella Dora.

Oppure. Se vi invita a cena, non organizzate voi la serata magari prenotando il ristorante con il tavolo sotto la finestra, quella che dà sulla basilica di Superga. Che faccia lui. All'uomo primitivo toccava addirittura andare a caccia di bestie feroci rischiando di farsi sbranare per sfamare la sua dolce metà; lui se la cava sfogliando le Pagine gialle. Non mi sembra uno sforzo così insopportabile. Perché, a dire il vero, gli uomini, se messi in condizione, sono degli abilissimi corteggiatori. Se si invaghiscono di noi, per arrivare presto al dunque (e sappiamo bene di quale dunque stiamo parlando) sono disposti a tutto. E se non a tutto, a molto. Ci trattano come se fossimo uniche al mondo, ci stordiscono di complimenti, ci ninnano con paroline dolci e affettuose. Insomma, premono il piede sull'acceleratore accecati dal desiderio. E quando, dài che ti ridài (in verità a volte basta un dài, anche un mezzo dài), arrivano al capolinea? Tirano il freno a mano e tornano a casa in tram. E noi ci torturiamo: «Ma come? Mi dicevi amore... micina, sei tutto per me, sei la donna della mia vita, se faccio dei figli li voglio fare con te... e adesso mi tratti come un caco marcio? Ma, scusa, se mi dicevi quelle cose lì, voleva dire che mi amavi». Certo. Levati quell'amo dalla bocca che stai soffocando. Cretina.

Cani da ǫunta

Sta scritto nelle pagine del cielo che portare a spasso il proprio cane sia uno dei pretesti migliori per conoscere l'anima gemella. Insomma: tu scendi il cane, lo pisci e poi magari ti fidanzi pure.

Comunque, se è vera la teoria che col passare del tempo il cane rassomiglia sempre di più al padrone, consiglio vivamente di stare alla larga da pitbull, bull terrier, basset hound e chihuahua. Potreste ritrovarvi fra qualche anno con uomini attaccabrighe e bavosi o troppo pelosi e con le orecchie pendule. Destino segnato anche il mio, forse, che son padrona di un cagnino che è un pot-pourri di razze. Mi sa che è nato da un'orgia. Si chiama Alì Bau Bau ed è il cane più truzzo che esista sulla faccia della terra. Attaccherebbe briga anche con una mucca indiana tanto è tamarro dentro. Quindi portare lui al parco significa per me trovarmi sempre in mezzo a zuffe colossali. Lui se la prende con tutti. Senza pietà, come canta la Oxa. Ovviamente che siano maschi... Con le femmine non c'è storia. Lì diventa duca. Siano grasse e bolse, puzzolenti o stortignaccole, una annusatina là dove non batte il sole non la nega a nessuna.

Certo che avere un cane di razza è tutt'altra musica... L'abbordaggio col padrone è immediato. «Ma dove l'hai preso? Capisce? E di intestino è delicato?» E lì scema in me l'interesse per l'interlocutore... non so perché ma parlare di cacca di cane lo trovo così poco romantico... A proposito. Parliamo del rifiuto. Il mondo dei padroni si divide in due categorie: quelli che puliscono i gioielli del loro cane e quelli che no. Si schifano. Certo. Invece a noi piace un casino, ne andiamo pazzi, faremmo quello tutto il giorno. Il cagnone del mio vicino di casa, per esempio, non fa la cacca normale. No. Cola dei bronzi. E per di più in mezzo al marciapiede, che fa più glamour. Ma il padroncino suo dice che non può raccoglierla perché non trova il palettino adeguato. Amore... affitta uno spazzaneve, una draga, una ruspa, sprofondare in una sabbia mobile come quella del tuo cane è roba da Indiana Jones.

Chissenefrega dell'amore

Che cretinate, i discorsi sull'amore. Il cicì e cicià che si fanno gli amanti. Parole, parole, parole... si magonava già la Mina sorbendosi il Lupone scialato in zuccherose moine.

«Io credo che l'amore...» «Io penso che amarsi signifi-chi...» «Io sono convinta che per stare bene insieme...» Ma chissenefrega! Silenzio. Lasciamo parlare Agnesi. Che ci plachi una volta per tutte riempiendoci la pancia con un piatto di pasta al sugo. Abbiamo bisogno di ri-farci un'incoscienza. L'istante poi passa, diventa distan-te, che stupidi siamo a sporcare l'istante...

Le donne poi sono delle fuoriclasse della paranoia sentimentale. Adorano agonizzare nell'amore come far-falle cadute nel vin santo. Inzigano dubbi, pretendono conferme, anelano dichiarazioni solenni.

E gli uomini? Beh. Scappano. A volte lo fanno con crudeltà divina lasciandoci il cuore incimurrito per an-ni; altre di fretta, come Gianni Bella, dimenticandosi persino le mutande tricolori, altre ancora spariscono co-me in un'illusione ben riuscita del mago Copperfield. Ci sta bene. Così impariamo a tenere la lingua al caldo.

Ma possibile? L'amore eterno ce l'hanno raccontato i poeti, ma quando la vita media era di trenta anni. Adesso che campiamo ben oltre i settanta, abbiamo un esubero di quaranta. Li vogliamo passare tutti nel gorgo? Strappandoci i capelli a mazzi come nei drammi russi? Basta saperlo. La felicità va attesa e non pretesa... *ca custa lon ca custa* [*costi quello che costi*]. Com'è che dicevano in *Stand by Me*? «Le cose più importanti sono le più difficili da dire perché le parole le rimpiccioliscono.» E allora zitte. Sttt! Come sarà lo scopriremo solo vivendo. Se siete delle fidanzate tormentate o peggio ancora delle mogli intristite ecco il consiglio di mia nonna: «A volte per il bene della coppia bisogna mordere l'aglio e dire che è dolce». Una volta pensavo fosse un brutto insegnamento ma adesso penso l'esatto contrario. Per far durare l'amore bisogna usare il buonsenso. Tacere quando è il momento, lasciar correre, chiudere gli occhi e aspettare che passi la bufera.

Bollini

Ciao, carini. La Highlander del sentimento non demorde. Sono uscita con un altro. Finalmente un tipo normale. Nome? Piero. Bello? Normale. Simpatico? Mah... normale... Intelligenza? Nella norma. Insomma, una noia.

Andiamo a cena al ristorante vegetariano che... già lì... no, non voglio dire... ma quale passione potrà mai scoppiare davanti a un centrifugato di bietola o a una mousse di champignon? Secondo me nessuna. A me rosicchiare una carota cruda davanti a un uomo che ho appena conosciuto mette tristezza.

Comunque. Questo mi dice: «Sai, io non bevo. Non fumo. Non mangio la carne. Non vado in discoteca. Odio la musica italiana e non vado mai al cinema». Ecco. Allora ti aspetto al posteggio. Mi porti a casa tu o prendo un taxi? E poi mi incalza: «Potrei essere l'uomo della tua vita?». Che domanda. Beh, sì. Potresti essere l'uomo della mia vita se la mia vita durasse quindici giorni, massimo. E poi l'insopportabile, per ravvivare un po' la serata, ascolta le conversazioni degli altri tavoli. Ma preciso. E commenta anche. Dà giudizi. Trae considerazioni. Una coppia, di lato al nostro tavolo, mangia in silenzio. E lui fissandola borbotta malmostoso: «Ma come si fa? Ma guarda 'sti due... è mezz'ora che sono al

tavolo insieme e non si sono ancora rivolti la parola...
pensa che tristezza... non hanno niente da dirsi...».
Certo. Invece noi ci abbiamo una Treccani di argomenti.

L'altro giorno in coda all'autogrill pensavo: perché
non riceviamo in dotazione alla nascita una scheda sentimentale tipo quella della benzina? Da riempire coi
bollini. Per ciascun fallimento amoroso un numero im-
precisato di punti. E alla fine della raccolta il premio: un
fidanzato supermagicofichissimo. Un appuntamento
deludente? Un bollino. Due mesi di relazione naufraga-
ta senza un gemito? Sette bollini. Tre anni di fidanzamento con separazione dolorosissima tra pianto e stridor di denti? Trenta bollini. Manca il puntone gigante
per il cambio dell'olio... Beh, quello, se tanto mi dà tanto, dovrebbe fornirtelo l'analista a fine terapia.

Dov'è finito Orfeo?

Non ci son più i corteggiatori di una volta. Quelli tipo Orfeo, che scendevano nel Tartaro (che non è quello dei denti) con la lira sotto il braccio a cantare alla loro Euridice tutto il bene del mondo. I nostri maschi single non hanno tempo da perdere. Ci hanno impegni fin sopra i capelli. Non hanno un attimo delle loro giornate destinabile a occupazioni che non siano strettamente personali e utili solo a se stessi. Si va dagli incontri del club della briscola al torneo di biliardo a sponda, dal corso di guida senza mani al seminario sulla coltura della bietola nel Salentino, fino alla cena a cadenza mensile coi compagni della scuola materna. E poi ti dicono: «Purtroppo purtroppissimo non ho un minuto, ma che dico minuto... neanche un secondo da dedicarti. Sai cosa? Al limite [perché ci sono quelli che per concederti il lusso di uscire con loro ti dicono "al limite", come se fosse una cosa ai confini della realtà] ci potremmo vedere a maggio».

«Maggio? Un po' prestino. Non so se riesco a liberarmi.»

«Dài, a maggio potremmo andare insieme a Maggio Formaggio, quella bellissima fiera paesana del latticino.»

«Oh, sìì, che bella idea! Trovo sia molto romantico

baciarsi tra le forme di toma e gli olezzi del gorgo. Vacci tu, magari. Strozzati di robiola e fatti anche un pareo di croste di toma, se ti rimane il tempo.»

Quei tipi lì sono in grado di smentire una classica e imperitura convinzione femminile. Quella che i maschi che si girano dall'altra parte russando, dopo aver fatto l'amore, siano dei mostri. Non è vero. Perché se non dormono... rompono. Si alzano, girolano, aprono il frigo, tirano lo sciacquone, si cercano le calze pulite per il giorno dopo, fanno cadere le monetine dalle tasche della tuta, preparano già la caffettiera del mattino, vanno a fumare sul balcone, poi si chiude la porta e ti svegliano per farsi aprire, sentono la segreteria... uno stillicidio. Oppure ti fanno le solite domande cretine: «È stato bello? Ti è piaciuto?». Senti. Fa' una cosa, va'... dormi. Dormi, amore mio. Russa che è meglio. Me lo prometti, minchia, se no ti do il bromuro?

Amore a prima svista

Sentite questa. Per descrivere lo stato mentale di assoluta follia che pervade i maschi quando si innamorano di una donna. In una bella sera d'estate vado in discoteca con un mio amico e lui conosce una tipa. Sbam. Amore a prima vista. Ok, ok. Non potevo dargli torto. Così, di primo acchito e da un'analisi altamente approssimativa, la ragazza dava le sue belle soddisfazioni. Alta, bionda, abbronzata. Per carità. Niente da dire. Gran bella figliola. Ballava e non sudava. Semplicemente perdeva liquidi. Per dire la classe. Peccato il resto. Lui le diceva: «Ti presento Luciana, è la mia biografa».

E lei: «Cosa vuol dire biografa?».

E lui: «Che meraviglia 'sta ingenuità!».

E io a spiegargli che ingenuità non era tanto la parola adatta. Poi cominciammo a parlare della Pivetti e lei: «Chi è la Pivetti?». *Bon*. Per farla breve, dopo una settimana ovviamente decise di sposarla. Giuro. Mi diceva: «Sai, lei ha un sacco di doti... per esempio distingue i ghiaccioli dall'odore». Fantastico. Un ottimo motivo per dividere con lei il resto della tua esistenza. E, non pago, rincarava la dose: «Poi è un'esperta in fatto di animali». Eh, certo. Se si è innamorata di te, un'anima da zoologa ce la deve avere per forza. Peccato che lei di animali non ne sapeva proprio una mazza. Fingeva. Tipo. Le chiedevi del topo? E lei cominciava: «Ne esistono di tre tipi, topo comune, topo muschiato e topo delle nevi». E del gatto? Uguale. «Ne esistono di tre tipi. Gatto comune, gatto muschiato e gatto delle nevi». E se le chiedevi della vacca, del tapiro, del dromedario? Niente. La solfa non cambiava. Un inferno. Poi la sposò? Per fortuna no, perché si innamorò di un'altra un pelo più deficiente. Una che si faceva accompagnare fin sul pianerottolo per paura del maniaco, dormiva con la lucina della Chicco sempre accesa e in TV non poteva neanche vedere *Starsky e Hutch* perché la impressionavano. Assioma finale: se ti atteggi a Biancaneve, qualche nano comincerà a ronzarti attorno. Postilla: ma l'amore è un'altra cosa.

L'uomo che sa di sciroppo

Perché non sono un verme? No, dico, se fossi verme la mia vita sentimentale sarebbe molto meno complicata. Principalmente starei sempre nuda, come un verme, appunto. E potrei anche comportarmi male. Essendo la mia una natura di verme. Ho letto che ne esiste una specie capace di un completo cambiamento di sesso. Si chiama Syllis. La femmina del Syllis, una volta deposte le uova, si trasforma in maschio e va in cerca di una femmina disponibile. Meraviglioso. Io che son verme so cosa vuol dire essere maschio ma so anche come si sta nei panni di una vermessa.

Per gli umani non è così. E infatti scoppiano i casini. Per dire. Io non capirò mai perché gli uomini quando stanno male soffrono sempre un po' di più rispetto a noi. Le loro emicranie sono più emicranie delle nostre, le coliti più melodrammatiche, e le febbri più perniciose. Se li ami, ti tocca di assistere alle loro digestioni faticose e gioire anche tu all'avvento di maestosi rutti bitonali. Gli uomini malati diventano lamentosi come Barbara Streisand quando canta *Tell Him*.

E se sei tu a cadere malata? «Non è niente. Non fare la vittima.» Riporto uno stralcio di telefonata fatta a un caro amico qualche tempo fa.

Io: «Sai, ci ho l'influenza, mal di gola, mal di testa e la febbre a trentanove».

Lui: «Non me lo dire. Io non ho mal di testa, niente febbre e per adesso neanche il raffreddore ma... non sto mica bene».

Una volta chiesi a un mio vecchio fidanzato di accompagnarmi al pronto soccorso. Lo andai a prendere a casa perché si era agitato. Arrivati in ospedale, collassò. Quindi i medici si occuparono di lui mentre io cercavo di non morire.

Vi prego: evitare i falsi malati. Gli ipocondriaci. Quegli uomini cioè che stanno male sempre. Ma non per davvero, purtroppo. Soltanto perché sono fissati. Con loro devi fare sempre la dama di San Vincenzo... altro che *Ultimo tango a Parigi*. L'ipocondriaco in assoluto teme il contagio. Neanche abitasse nel lebbrosario insieme a don Rodrigo. Non beve dal tuo stesso bicchiere, si veste solo di cotone perché la flanella gli fa prurito, dorme sempre con l'umidificatore acceso perché gli si secca la gola (anche a Venezia), ci ha le tonsille deboli e il terrore per la corrente, soffre di eritemi e si spella come un peperone arrosto. E poi si lava le mani sempre. Prima, durante e dopo aver fatto pipì. Roba che nell'attesa potresti prenderti un lavoretto part time.

Comunque il *must* dei maschi rimane uno: svenire in sala operatoria durante il parto della moglie. Mentre noi ci sbudelliamo loro cadono a terra come pinoli. Se fossi un'ostetrica li piglierei per la pelle delle ginocchia e li caccerei fuori a calci in culo.

Un'odalisca sfatta

Questi invece li prenderei a picconate. Così, giusto per verificare se sia un'effettiva carenza di cervello o piuttosto una sorta di lanugine che, a lungo andare, ha occluso le pareti del cranio.

Sto parlando di quell'esercito di fini psicologi che da anni ci ammorbano con le loro riflessioni parascientifiche. Non c'è rivista che non ne assoldi almeno un paio, non c'è talk show che ne possa fare a meno. E siccome sanno tutto, sempre tutto, fortissimamente tutto, parlano e pontificano in continuazione. La figura dell'uomo è in crisi, quella della donna non s'è mai ripresa, le madri proiettano sui figli, i figli sulle madri, le madri sui padri, i padri sulle nonne... fino ad arrivare a Eva che avrebbe fatto meglio a girare alla larga dai meli.

L'altro giorno in TV elencavano i gesti per sedurre. Psicologicamente parlando, s'intende. Dunque. Per le donne toccarsi molto i capelli. Pare che seduca da bestia. Pasturarsi le chiome o ravvivarsi il ciuffo col manico della forchetta a tavola effettivamente trovo che sia un gesto di sconfinata finezza. Poi: mettersi e togliersi l'anello. Io non posso. Mi si gonfiano le dita come salame da sugo, dovrei tirare fuori il sapone e questo credo non sia contemplato, sempre psicologicamente parlando. Per l'uomo, invece, sistemarsi il nodo della cravatta. Uh, se seduce! E se lui ci ha solo una maglietta con su scritto «Gli italiani lo fanno meglio»? Pensateci voi. Porgetegli una cravatta qualsiasi e ditegli: «Caro? Guarda che cos'ho qui per caso. Mettila e vedi di sistemarti il nodo che è un po' lento».

Ma non finisce qui. Anche togliere una briciola o un capello dall'abito della corteggiata la mette psicologicamente in ginocchio. E se lei non ha nemmeno un minuscolo pezzettino di forfora? Levatele un bottone. E da ultimo. Se voi pulzelle siete a cena con lui e volete sedurlo fate cadere qualcosa. Il salino, un tovagliolo, il reggicalze. Qualcosa. Pur che lui pieghi la gobba e lo ripeschi. Io ho provato. Gli ho fatto cadere il telefonino. Temo di non averlo sedotto. E psicologicamente mi domando ancora perché.

Donne all'Opera

È più forte di me. Devo assolutamente prendere provvedimenti. Non posso andare tutte le volte all'opera e, pur sapendo che finirà in tragedia, aspettare l'happy end. Sarà che ho un innato senso del lieto fine, io che ancora mi dispero rivedendo la scena del cacciatore che spara alla mamma di Bambi. È che 'ste eroine romantiche son tutte delle deliziose sfigate senza scampo, *sensa cugnisiun* [*senza buon senso*]. Il brutto è che lo capisci da subito. Norma si fa alla brace, Butterfly si affetta con un pugnale, Tosca si schianta da un parapetto, Lucia di Lammermoor tira l'ala battendo i coperchi e Aida si seppellisce viva nella tomba di Radames. Per non parlare di Violetta e Mimì, due tisiche di gran classe. È vero che da una tragedia non ti puoi aspettare più di tanto, ma le donne crepano a tambur battente. Anche tu, Aida... lo sapevi da prima come erano fatti gli egizi: si mettono di profilo, ti guardano con l'occhietto sifulo e poi ti fregano. E quell'altra? Sì, ti chiamano Mimì, ma il tuo nome è Lucia... No, dolcezza, ti chiamo io cretina, con 'ste mani ghiacciate come due stick all'anice. Svegliati! Fattele scaldare da qualcun altro, non da quel pezzente di Rodolfo che non ci ha neanche gli occhi per piangere e dipinge come un madonnaro di Alassio. E la

Butterfly? Lei e il suo chignon? Pinkerton è uscito a prendere le sigarette e per tre anni non si è più fatto vivo. E tu lo aspetti? Sei scema? Cio-cio-san? Ascolta me. Fatti sbatterflare da qualcun altro, vedi che fil di fumo. E poi Violetta. La vera, assoluta e grandissima eroina romantica. Naturalmente tisica. Si innamora di quel rintronato di Alfredo, libano belli ebeti dai loro calici, vanno pure a convivere... niente. Arriva Germont (che ci ha pure il nome di un camembert) a sfinire l'esistenza. E lei bella tisica, con i giorni che si contano sulle dita di una mano, rinuncia all'amore, rinuncia ad Alfredo, pura siccome un angelo ma idiota come una tinca. Hai un bel dire «Parigi o cara»: la penicillina non c'è e tu ci rimani, santa donna che sei. Io non capisco. Più che opere liriche mi sembrano puntate speciali di cronaca nera.

La vita è corta ma larga
(parola di Ya Ya sister)

«Tu sogna e spera fermamente, dimentica il presente e il sogno realtà diverrà!»

Così canta Cenerentola mentre un balletto di topolini si fa in quattro per vestirla di tutto punto. E io ci credo. I saggi dicono che la vita è corta ma larga, qualcosa di buono dovrà pur capitarci. Se la sera torniamo a casa e nessuno ci porge una margherita, una polenta, un goccio d'affetto... se per sentire un po' di calore umano dobbiamo sederci sulla sedia da cui si è appena alzato qualcuno... prendiamoci un pacco di patatine all'aneto e riflettiamo su quello che facevano le grandi eroine del passato.

Partiamo da Cleopatra. Cosa ci avvicina a lei? Nulla. Io non riesco neanche a far vivere il papiro del tinello. Bene. Lei, l'audace regina egizia, per sedurre Cesare si faceva avvolgere nuda in un tappeto e consegnare nella stanza di lui. Un enorme involtino primavera ripieno di regina. Beh, se sedurre vuol dire attirare l'attenzione, possiamo farlo con molto meno. Ci bastano trombette, nasi finti, orecchie da topolino e anelli a spruzzo. Anche far suonare ripetutamente l'antifurto della Panda attira eccome l'attenzione. Ma non mi convince.

All'opposto agiva invece un'altra grande conquistatrice: Giuseppina Bonaparte. Le arrivava l'annuncio che il suo amato Napo stava per tornare? *Bon*. Gettava la spugna e non in senso metaforico. Si faceva trovare bella fetida dal suo boy. Niente abluzioni nel latte di asina. Cracia pura e un paio di gocce di essenza di violetta così intensa da rimanere impregnata nei mutandoni di lui, dopo la sua dipartita, ancora per giorni e giorni. Quindi, secondo i dettami di Giusy, amiamoci sì, ma coi piedi che sanno di taleggio.

E, per finire, un consiglio anche per gli uomini. Enrico VIII, uno dei maschi più virili della storia, si strafocava di prezzemolo, a detta sua, mooolto afrodisiaco. Attenzione, omini, ho detto prezzemolo e non acciughe al verde o tomini elettrici...

Lo star man

È arrivata l'estate. A marzo. Un bel passo avanti, per carità. A giugno riapriranno le piste di Courmayeur, ad agosto i bimbi torneranno a scuola e a settembre Frate Indovino inizierà una terapia dallo psichiatra. Ma tutto continuerà a scorrere come un lungo fiume tranquillo. Possiamo salvarci? Certamente. Diventando come lo slaim. Quella pappetta verde e molliccia che andava di moda anni fa. Lo slaim aveva la virtù di adeguarsi a ogni situazione. Lo potevi tenere tra le mani, nella tasca del paltò, sul sedile della moto, persino spiccicato sulle tendine del bagno. E lui ci stava. Prendendosi il suo spazio con dignità e senza opporre resistenza. Io, lo slaim, lo stimo e farò di tutto per essere come lui. Sul colore già ci siamo. Dovrò adeguarmi, per esempio, ai nuovi modi di dire in fatto d'amore. Tanto tempo fa quando due uscivano insieme si usava l'espressione: «Ci parliamo». Fin esagerato. È ovvio che prima di saltarsi addosso qualche parola la si dice. Poi si è passati al più onesto: «Siamo fidanzati», regredendo di nuovo con l'attuale: «Stiamo insieme». Espressione amatissima soprattutto dai maschi. È nata così la categoria degli *star men*. Così li chiamo. Gli uomini «che stanno». Quelli, cioè, che non dicono mai: «Io sono fidanzato», ma: «Sto con».

Beh? Anch'io sto col mio portinaio all'assemblea di condominio, sto con il dentista quando faccio la detartrasi, sto persino con Fazio, ma solo qualche domenica. Eppure non sono fidanzata con nessuno di loro. Tanta e tale è la paura di impegnarsi che si fa attenzione persino alle parole. «E se dichiarandomi fidanzato mi perdessi delle succulente occasioni? E se adesso mi accontentassi di questa qui, alta come un comodino, piallata sul davanti, coi capelli tagliati forse da Edward Mani di Forbice e mi perdessi la chance di conoscere una mezza fata e mezza cavalla con le tette enormi che non solo parlano ma, viste le dimensioni, tengono comizi?»

Smettetela, idioti. Guardatevi allo specchio e rassegnatevi ai comodini. Cambierà solo il legno. Una volta sarà di noce e un'altra di castagno. Ma questo è il vostro destino. Avete il fisico di un bureau!

Maschi distratti,
maschi pignoli

Da una recente indagine sociologica condotta da me stessa su di un campione strettamente personale risulta che la specie umana maschile si può verosimilmente suddividere in due grandi sottogruppi: i maschi distratti e i maschi pignoli. Quali i migliori? Difficile dirlo.

Partiamo dai primi: gli sbadati, gli svaniti, i cloni di Mister Bean. Non avrebbero tanto bisogno di una fidanzata quanto di un'insegnante di sostegno. Perdere e dimenticare è l'attività principe delle loro giornate. Vanno a comperare il giornale e lo lasciano all'edicola, tolgono l'autoradio ma la sistemano sul tettuccio, hanno il telefonino ma si scordano di accenderlo, perdono le chiavi e anche la copia, il portafoglio e anche la patente, cambiano la batteria dell'auto una volta al mese perché dimenticano sistematicamente i fari accesi e tamponano spessissimo perché quando guidano fanno qualsiasi altra cosa fuorché guidare. E poi si fanno male continuamente. Si inciampano, si slogano, si sbucciano, si tagliano... roba da quarta elementare.

I maschi pignoli non sono certo meno faticosi. Tutt'altro. Cronometrano quanto ci mettono da casello a casello, stabiliscono con precisione millimetrica il consumo della loro auto che di solito è un cartone, impilano gli asciugamani per sfumatura di colore, lucidano gli angoli delle scarpe con lo spazzolino da denti, compilano gli specchietti delle agende dei soldi in entrata e soldi in uscita segnando anche lo stick e il biglietto del tram, tengono a memoria la cadenza del ciclo mestruale della fidanzata e scrivono una S sul calendario per ricordarsi i giorni in cui hanno fatto sesso. Sempre molto pochi.

Il massimo è il marito della mia amica Elvira. Pignolo e maniaco della pulizia. Mentre mangiamo, lui lava già i piatti. Quelli che stiamo usando. Quando alla moglie incinta si ruppero le acque, invece di tranquillizzarla la inseguì con lo spazzolone del Mocio Vileda. «Però mi piaci, che ci posso fare? Mi piaci» cantava Alex Britti. Giusto. Ma è giusto anche quello che mi ha detto l'altro giorno una mia amica napoletana: «*Se metti 'o rhum in coppa a 'nu strunz non diventa 'nu babà!*».

I saputelli

Una categoria umana da evitare accuratamente? Più delle spine nel branzino? Quella dei Dotti Medici e Sapienti. Quelli cioè che la sanno e te la spiegano sempre.

Tu comunichi una notizia che può variare dall'appuntamento col gommista all'arrivo della sonda Cassini. E loro? La sanno già. Anzi. Te la spiegano meglio e nel dettaglio. Tu prepari il sugo e loro intervengono con pareri e consigli. Tu racconti agli amici una barzelletta e ti interrompono continuamente per puntualizzare. Tu chiedi l'ora e questi partono dal funzionamento della meccanica interna dell'orologio. Tu domandi che tempo fa e loro te lo dicono partendo dal Big Ben.

I Sapientini sono quelli che se devono comperare un paio di scarpe mandano alla neuro i commessi. Io ci ho avuto un fidanzato così. Il castigo del cielo acquistava le scarpe e poi le rodava in casa tutto il giorno successivo per verificare l'effettiva comodità del prodotto. Ma per non sporcare la suola foderava il pavimento coi fogli di giornale. Io entravo in casa e dicevo: «Dài il bianco?». No. Provava le scarpe. E poi mi chiamava «Carissima». Io uno che mi chiama carissima lo prenderei a sprangate. Carissima dillo alla tua capoufficia, alla tua zia Giunchiglia di Loano, alla tua maestra di cha cha cha, ma non a me che dovrei essere la tua amatissima, semmai…

Ma dove i Dotti Medici e Sapienti danno il meglio? Al ristorante, ovvio. Prima cosa chiedono con minuzia gli ingredienti delle specialità della casa e poi dibattono del perché e del percome il cuoco cucini il tal piatto in tal modo, mentre loro lo cucinerebbero in un altro. E poi ordinano sempre i piatti senza qualcosa. E di solito senza qualcosa di fondamentale. Il risotto alla milanese senza zafferano, il carpaccio ben cotto senza parmigiano e la pizza marinara senza aglio. Insomma… *a gavu 'l fià* [*levano il fiato*].

Che ci facciamo con gente così? Al massimo una partita a Trivial Pursuit. Perdendo, naturalmente.

L'uomo nelle caverne

Che dobbiamo fa' pe' campa'? Nulla, se non ammettere che ci abbiamo proprio le teste fatte in modo diverso. Poi cauterizzarci il cuore e tirare innanzi. Ennesima indubitabile verità: gli uomini ogni tanto hanno bisogno di chiudersi nella caverna. Se noi stiamo male, noi bei donnini, dico, che facciamo? La meniamo. Cominciamo a rompere. E ci lamentiamo. E ce la prendiamo con questo e con quell'altro, perché lui mi ha detto e io gli ho detto. E parliamo. Uff, se parliamo. Parliamo con tutti. Con le amiche, con la mamma, col portinaio, con la magnolia del giardino, persino con quello del gas che viene a leggere i numeri del contatore. E poi certo parliamo con lui. La frase d'esordio è sempre la stessa: «Amore, mi sa che dobbiamo parlare». Poi parte la stura. E perché qui e perché là, e della rava e della fava, e cicin e cician... insomma finché non ci passano le baboie (che ovviamente passeranno da sole) non teniamo mai la lingua al caldo.

Per gli uomini è diverso. Quando stanno male diventano degli orsi e si chiudono nella caverna. Muti come tonni. Inutile far loro il terzo grado. «Ma cos'hai? Perché mi fai il muso? Parla! È successo qualcosa?» Sbagliato, sbagliatissimo. Lasciatelo stare. Che se ne stia in silenzio nella sua tana. Finito il letargo riemergerà. E quanto è lungo il letargo? Beh, lì dipende da che razza è il vostro boy. Mediamente la durata nella caverna varia da qualche giorno al massimo a un paio di settimane. L'importante è non sfinirlo. Non bussate alla sua caverna chiedendogli se ha bisogno di qualcosa, un bicchiere di latte o un favo di miele, non bussate per informarlo dell'arrivo di un dépliant sui macinapepe o chiedendo un aiutino per risolvere una sciarada. Fate altro. Mentre lui smaltisce le paturnie nell'antro muschioso, voi iscrivetevi a un corso di ramino, lavate a una a una le collane, compratevi la Barbie 2000 e imparate a fare la pastiera napoletana che, tanto, prima di trovare tutti gli ingredienti giusti e aspettare il tempo preciso per far riposare l'impasto passano settimane.

Sorriso alla rughetta

Ma cosa ti costava. In fondo poteva capitare anche a te. Bastava un segno. Una leggera gomitata, un tenue movimento di sopracciglio, che so, un tric tric fatto col mignolo. E invece no. Tu, mio caro e generoso vicino di posto, amico e collega di lunga data, mi hai lasciato passare un'intera serata con un'enorme foglia di rughetta incastrata tra gli incisivi e non mi hai detto nulla. Hai concesso che mi abbandonassi in radiosi sorrisi, confusa e felice, incosciente dell'immagine orribile che stavo dando di me medesima. E mi sono vista a casa. Non era semplicemente una foglietta... era un intero cespo di insalata. Non posso credere che tu, che mi sei stato appiccicato addosso come un paguro per tutta la sera, non l'abbia notato, brutta serpe. E oltre tutto non era una cena di cugini o una pizza tra compagni delle medie. Era una serata di pubbliche relazioni, quelle rogne di lavoro dove la regola migliore è parlare poco e ascoltare molto, eventualmente sorridere, se capita, e io infatti così facevo, peccato per la niçoise infilata nella dentiera. Sembravo una di quelle pubblicità di dentifrici che si vedono per strada alla quale i vandali hanno colorato col trattopen i denti davanti. Eppure bastava poco... davvero.
Quante volte dovrò ancora uscire dal bagno con la

gonna incastrata nei collant prima che qualcuno si degni di segnalarmelo? E quante volte dovrò viaggiare col kajal colato in faccia prima che un'anima pia almeno mi dica come mai ho delle occhiaie da procione? O che, combinazione, mi sono scivolate le spalline di gommapiuma proprio sul banco del pesce fresco e sarebbe meglio che le tirassi via. O che ci ho i collant sguarati fin nella caviglia, che viaggio con la sciarpa di seta incastrata nella portiera o che per fare la coda lì devo prendere il numerino? E dài, su... in fondo che ci costa: diciamo agli altri quello che vorremmo dicessero a noi!

For ever

Per sempre. Ti amerò per sempre. Conserverò questo ricordo per sempre. Userò questa marca di lucido da scarpe per sempre. *Ma de che?*, direbbero i nostri più svegli connazionali della Capitale…

Ma chi è che giurerebbe di aver fatto, amato, pensato, tenuto, vissuto una cosa per sempre? Ci vogliono cuori infrangibili e menti di piombo. Cosa può essere per sempre? Vediamo… beh, la Carrà. Direi che ragionevolmente per la Carrà si può azzardare il per sempre. E poi… mhm… beh, forse i nei. Quelli si moltiplicano come le macchioline dei dalmata, ma non mi risulta che spariscano. Le gastriti non sono per sempre, i matrimoni meno che mai, le fortune magari. I partiti cambiano, gli indirizzi pure e le mamme imbiancano. No. Nei e Carrà. Stop.

Il per sempre è limitativo. È un macigno. Il mio amico Augusto, portato finalmente all'altare, alla domanda «Vuoi tu prendere la qui presente come tua legittima sposa e prometti di amarla e rispettarla sempre, nella buona e cattiva sorte, in salute e in malattia fino a che morte non vi separi?» rispose: «Ma certo». Non riuscì a dire un sì chiaro e scandito, e si dovette ripetere la formula.

Come faccio a dire che ti amerò per sempre? Che ne

so... non sono mica Frate Indovino! Magari tra un po'
mi trasferisco in Madagascar, tu vuoi rimanere a Pino
Torinese e così sarò costretta ad amare un abitante del
posto.

Amore mio... non c'è niente che sia per sempre, lo dicono anche gli Afterhours. Ti posso giurare che ti amerò
più che posso, ma non per sempre. Ecco. Ti amerò a intermittenza. Come fanno tutte le coppie del mondo.
Qualche giorno di più, qualcun altro di meno. Qualcuno per niente. E qualche volta mi capiterà di odiarti.
Non sarà mai un amore insistente come la pioggia che
fa uscire le lumache. Ma sarà un amore vero. E se comunque vuoi che ti dica che ti amerò per sempre, lo
farò. Perché ti amo. Ma non per sempre.

Fiori d'arancio

Oggi sposi. Ho intravisto l'invito dalla buca delle lettere. Lo sapevo...

Altro giro, altro regalo. Pensa te. La mia amica Elvira si sposa con quell'asino di Renato. Dodici anni di fidanzamento. Si saranno mollati dalle cinquanta alle settanta volte. E adesso? Zac! «Sì, lo voglio, sì, per tutta la vita.» Ciao. Panati. Me l'aveva detto l'Elvira: «Sai, dopo tanti anni che si sta insieme o ci si sposa o ci si molla!». Che fantastica idiozia! Per evitare di lasciarsi per sempre si giura di stare insieme tutta la vita, una logica che è tutta una grinza...

Nell'invito c'è persino l'indirizzo del negozio dove hanno fatto la lista nozze. Ma come la lista nozze? Ma se 'sti due son sempre andati in giro in camper, vestiti come dei profughi, lei pettinata da erinni e lui da facocero, e adesso che si sposano fanno la lista? Non me l'aspettavo da loro...

Ok. Vado al negozio. Sembra di entrare a Palazzo Pitti. Una commessa più ingioiellata della Madonna d'Oropa mi mostra in bella vista tutto ciò che gli amanti desiderano per il loro nido d'amore. Un servizio di piatti di Limoges con bordura in oro, valore commerciale da panico; quattro candelieri in argento massiccio (vorrei sottolineare che vanno a vivere in un bilocale, non a Versailles); un cavatappi di onice grosso come una clava; una famigliola di Capodimonte in desolata povertà e persino un ceppo di legno con annessi trenta coltelli (roba che non li possiede neanche un lanciatore professionista del Circo Togni). Con le mie centomila posso comprare una forchetta, due sottopentola e un mezzo coperchio. Non è un granché. Auguri, felicità, figli maschi... tieni il regalo... la sposa scarta... una forchetta. Complimenti. Che figurone...

Al diavolo la lista! Penserò intensamente a loro e comprerò qualcosa che piaccia anche a me. Trovato! Un canarino. Di quelli che ti svegliano al mattino cantando. Giallo e cicciottello, così fa per due, e lo chiamerò Pavarotti. E voglio vedere se confonderanno il mio regalo con quello degli altri!

Fritto misto a Ferragosto

È andata. Si sono giurati fedeltà *ad libitum*. E io ho presenziato al matrimonio.

Roba da non uscirne vivi. Solo la cerimonia in chiesa è durata quanto una partita di calcio finita ai rigori. La madre dello sposo è arrivata al ristorante camminando sui gomiti come un soldato di *Platoon*. Sembrava non avesse più dei piedi, ma due Buondì Motta infilati nelle scarpe. Eh sì. Perché, comunque vada, ai matrimoni i piedi si gonfiano. È una legge della natura. E solo al ristorante si compie il rito liberatorio. Non mi dite che non l'avete mai fatto. Di sfilarvi le scarpe sotto il tavolo, dico. C'è un unico rischio: che alla fine del pranzo si scambino per errore. Io, per esempio, sono entrata al ristorante con due décolleté mezzo tacco blu marine e sono uscita con un anfibio e un sandalo da frate.

E poi il pranzo. Di regola finisci sempre a dividere il desco con degli sconosciuti che al termine della festa avresti preferito non conoscere mai. E si mangia, si mangia, si mangia. Una delle cose che più mi fa ridere al mondo è chiedere a mia madre, al ritorno dalle cerimonie, com'è andato il tal matrimonio, la comunione di Tizio o la cresima di Caio. Lei mi risponde sempre così: «Bene. Abbiamo mangiato: di primo...» e comincia a elencare ogni piatto con precisione assoluta, essendosi lei portata a casa il cartoncino del menù. Figlia di sua madre, la nonna, che andava pazza per la bresavola. Così la chiamava: «Bresavola». Che, detto da lei, un po' mi ricordava robe di alberi genealogici e antenati. E per finire la festa: fritto misto alla piemontese. L'incubo di ogni fegato ancora in attività. Non ho mai visto tante cose impanate tutte insieme. Salsiccia, cervella, fegato, Pavesini, funghi, mela, carciofo, mancava solo un bottone e un frisbee. Forse per Ferragosto terminerò la digestione. Peccato che il 16 agosto si sposi mia cugina!

Pene d'amor vissute

Dicono che per essere felici nella vita bisogna venire al mondo con il piede destro e attaccarsi subito alla tetta sinistra. Io sono nata podalica, ho avuto la sfacciataggine di presentarmi all'universo di culo e qualcuno non deve averla presa molto bene. Ma non sono la sola a volteggiare sull'abisso... anzi.

Conosco un esercito di falene rintronate che come me stentano a raccapezzarsi. Sono i «lasciati» di inizio estate. Quelli che per una beffa del destino sono stati scaricati dal partner e abbandonati a squagliare nel caldo come gelati mordicchiati. Non cacciati a pedate giù dal finestrino e abbandonati sul ciglio dell'autostrada, giusto un po' meno. Beh... non vale. Lo Stato dovrebbe regolamentare anche le storie d'amore. Esigo un codice di comportamento sentimentale che proibisca di lasciarsi in momenti precisi dell'anno: la vigilia di Natale, la notte di Capodanno, il giorno del compleanno o del matrimonio di un amico, San Valentino, prima delle vacanze estive.

Non mi sembrano precetti così restrittivi. In fondo rimangono più o meno trecentoventi giorni all'anno per farci massacrare come si deve. Ma in quei giorni lì no. Proibito. Perché si sta male di più. Eh, ma allora preferisci la bugia e la finzione alla sincera lealtà? Sì. Sì. Sì. Elogio le panzane, le beffe, le frottole che preservano dai grandi dolori. Mica le menzogne durature... ma quelle leggere, piccole, minuscole... quelle che per una volta invece di ferirci ci proteggono.

E poi vorrei una raccolta differenziata per gli amori finiti. In fondo ricicliamo tutto. Carta, vetro, plastica, pile usate e bucce umide di banana: perché non farlo anche con le storie d'amore? Tipo che se ne butta via una con paturnie e magoni, e la si sistema in un bidoncino rosso a parte. Dopo qualcuno si mette lì, tritura, impasta, rimesta *et voilà*: ne esce uno nuovo di zecca. Un po' come buttare nel bidone differenziato il cartone dei piselli surgelati e tempo dopo ritrovarsi a comprare un quaderno rosa confetto per scriverci su le poesie d'amore e riconoscere nell'angolino in fondo a destra un frammento minuscolo di pisello surgelato.

Questioni di cesso

Basta con 'sta festa della donna. Ammucchiamo queste maledette mimose e facciamo un falò. Ormai ci siamo emancipate. Siamo uguali agli uomini. Ci viene l'infarto anche a noi. Cosa vogliamo di più? La prostata, forse? O la barba... visto che i baffi già ce li abbiamo... Un esempio per tutti. La questione bagno. Sulla gestione quotidiana del cesso si scatenano delle vere guerre sociali. Sono anni ormai che lui e lei lottano per avere gli stessi diritti. Risultato? Parità assoluta. Uno a uno. Come mai proprio sulla toilette si scatenano le bufere? Non è difficile. Perché il bagno è un tempio. Un luogo sacro dove si celebrano i riti personali più svariati. Eh sì, perché nel bagno non si va mica solo a fare. Nel bagno si sta. Il bagno è un pensatoio. Io sono convinta che le sue strategie militari Napoleone le escogitasse proprio qui. Il problema sta nella permanenza. Una volta entrati non si esce più. Hai voglia a bussare. Altro che *Grande Fratello*. Manca solo la Bignardi. E l'asse del water? Loro la lasciano su. E noi? Due volte su tre ci accomodiamo sulla ceramica gelida e malediciamo il giorno in cui ci siamo fidanzate. A meno che loro non siano della banda della goccia e a noi tocchi far pipì in bilico come le guide alpine. Loro si tagliano le unghie dei piedi sparandole ovunque come boomerang e noi lasciamo i capelli in giro come liane. E poi c'è la polemica del dentifricio. Noi che siamo creative lo schiacciamo a caso, da metà, dall'alto, come un brufolo, come un campanello. E loro si imbufaliscono... loro, che lo spremono da anni con certosina precisione dal basso verso l'alto. Peccato che tutto 'sto puntiglio non lo mettano a farsi la doccia. Le loro docce sono alluvioni. Disastri naturali. Tocca chiedere lo stato di calamità. Ripicca migliore non c'è che usare il loro rasoio per depilarci i polpacci. Noi facciamo tric tric e loro... sbrat... si scarnificano come Scarface. Io lo faccio sempre, ma di nascosto, perché se lui mi becca mi gira la testa al contrario come si fa per uccidere i polpi.

Bimbo a bordo

C'è un tempo per ridere e un tempo per piangere. Un tempo per gioire e un tempo per soffrire. Un tempo per restare e un tempo per partire. Ma un tempo massimo per restare incinte. Dopo di che... ciao.

Care mie, noi figlie del baby-boom siamo tutte in Zona Cesarini. Tocca tirare 'sto rigore. Dicono che quando si è incinte si sta benissimo. Infatti. Ti viene una nausea bellissima, pisci in continuazione, ti si staccano i reni, ingrassi di venti chili, perdi la vista e cammini gobba. Bellissimo.

Le colleghe giovani ti dicono: «Beata te, che fortunata!», poi loro, 'ste grandissime cornute, vanno a ballare e tu resti a casa con 'sta carriola senza ruote sul davanti.

Anche lui è tanto felice. Quando l'ha saputo s'è messo a piangere come un vitello, saltava come un grillo, poi è corso via come una lepre. Sparito. Ci aveva la finale del torneo di calcetto, la gara a baraonda di pesca a fiocina e la premiazione dell'Arci Boccia. Come faceva a portarti... sei piegata a novanta gradi come se ti avessero bastonata sulla schiena con un paracarro.

Io non credo di potercela fare. Ci ho un desiderio di maternità a intermittenza. Sì, no, sì, no, sì, no. Come le luci di emergenza dell'automobile. Comunque il mio fidanzato mi ha tranquillizzata. Mi ha detto che piuttosto che fare un figlio si butta nell'olio bollente. È sempre stato un uomo di sfumature. E poi io ho paura del parto. Anche in questo caso occorre essere fortunate. C'è chi partorisce in casa mentre gira la polenta e chi ci impiega due giorni sudando come Mazzone in panchina o Megan Gale quando fa la pubblicità del telefono. Mia madre ci ha messo più o meno una settimana. Neanche le balene. Poi sono nata io. Un prodigio di allergie. Intollerante al latte. Un filo impegnativo essendo una neonata e avendo una madre con la quarta di tette e un padre con la latteria.

Sai cosa mi manca? Provare la sensazione di amare con tutto il cuore. Perché un bimbo tuo lo ami con tutto il cuore. Una volta sono andata con due amiche a trovare una collega che aveva appena partorito. Un ragno. Un bimbino bruttino e rugosetto, con una coroncina di capelli laterali tipo Archimede Pitagorico. E noi tutte: «Che buono! Com'è dolce... non piange mai...». Persino carino era una parola esagerata.

E la mamma: «Sai, non ce la faccio a portarlo fuori, è brutto».

E noi: «Ma nooo, non è poi così brutto, vedrai che crescendo...».

E lei: «No, è brutto fuori. Volevo dire che il tempo è brutto».

Mi sa che quando si ama con tutto il cuore si perde la vista.

La flebo del successo

Ma pensa te. Le mie amiche sono tutte incinte. Ma proprio tutte. Anche le zitelle più recidive. Lievitano a vista d'occhio come pandorini appena sfornati. Forse il contagio della gravidanza volteggia nell'aria come il virus dell'influenza. Chissà. Nel frattempo, per non essere da meno, anch'io aspetto. Sì. Di dare alla luce un calcolo renale.

Eh, si fa come si può. C'è chi partorisce cinque gemelli e chi un pezzettino di granito. Questione di sfumature. Dicono che i dolori di una colica siano molto simili a quelli del parto: consolante. I medici mi hanno comunicato che aspetto due gemelli. Uno dal rene destro e uno dal sinistro. Per *par condicio*. Chissà se si somiglieranno…

Una cosa è certa: non mi sveglieranno in piena notte per la poppata, non dovrò portarli all'asilo e nemmeno pagar loro le tasse universitarie. Non mi diranno mai che sono stata una cattiva madre, non si faranno bocciare all'esame di guida e non saranno mai lasciati dalla fidanzata. Semplicemente staranno lì. A guardarmi. Immobili ed espressivi come il marmo di Carrara.

Io nell'attesa mi attacco alla bottiglia. Mi sono anche fatta un giro al pronto soccorso, così, per non farmi mancare niente. Anche se mi piace il gusto all'anice delle gocce di Moment, dopo il terzo flûte ho constatato che ci voleva qualcosa di più forte, magari direttamente in vena. Ci hanno pensato gli infermieri, adorabili nel piroettare tra uno zombie e l'altro. E poi ho svernato in barella, come tutti. Ma nel corridoio. Con la flebo al braccio e la verve di un relitto del Titanic. E, nonostante questo, chi passava e mi riconosceva si fermava a chiacchierare come se niente fosse. Una signora è arrivata a dirmi: «Speriamo che la tengano qui ancora per un paio d'ore, che arriva mio marito a prendermi, sa, è un suo grande ammiratore!». Eh. Speriamo. E un altro: «Quando ti vediamo ancora da Fazio?». Guarda, dammi il tempo di levarmi la flebo e, se ti fa piacere, prendo l'intercity delle 20.

Un Magnum più umano

Aiuto. Levatemi questo tarlo. Rispondete sì o no: ma voi, il Magnum, riuscite a mangiarlo tutto? Non ci credo. Non è umanamente possibile. Specifico per chi non sa. Il Magnum è un gelatone tipo pinguino più o meno delle dimensioni di una tavella da muratore. E più o meno dello stesso peso specifico. Un chilo di gelato ricoperto da un paio di metri quadrati di cioccolata. Il tutto sostenuto da una listarella di parquet. E farlo un po' più piccolo? E farsi i fatti propri? Vero anche questo. No, è che le felicità non durano a lungo. Il piacere per sua natura è breve, immediato, non si consuma mai completamente e soprattutto si fa ricordare con desiderio. Un piacere che dura a lungo non esiste o forse non è vero piacere. Neanche Kant, nella sua critica alla ragion pura, dissertava così tanto su un gelato...

Basterebbe una piccola revisione delle dimensioni: un bel Medium e non se ne parla più. Cari miei, spariscono le mezze misure, tali e quali alle mezze stagioni. La moda, per esempio. Uniformata per le donne su una bella small. È tutto s. Canottierine, toppini, minigonnine, tubini. Io stessa, che non sono una valchiria, ho dei momenti di smarrimento. Ma i bei 44, 46, 48 dove sono finiti? Le floride manze dalle forme botticelliane non vanno più di moda? Mi sa di no. Che le poverine si adattino alle taglie conformate.

Per gli uomini la solfa non cambia. O XXL o S. Vale a dire: inquattatevi come Marlon Brando ultimo tipo o rinsecchitevi come Don Lurio. Altrimenti ritornate al caro vecchio peplo, non tanto trendy, ma sempre stiloso.

Io, poi, è da trentacinque anni che vivo con l'incubo del piede. Il mio misura 22 centrimetri, vale a dire un bel 33,5, massimo 34. È un tunnel. Mi devo adattare alle babbucce di lana con le stelle alpine o ai sandaletti di gomma da colonia. Fine. Di tacchi non se ne parla. Fortuna che nessuno mi chiama per l'Oscar perché non saprei proprio che scarpe mettermi. A ben pensarci ho il piede lungo più o meno come un Magnum. Dovrei chiedere all'Algida se può fare qualcosa per me.

Mistero semplice

Certo che le donne sono davvero un mistero. Io son trentasei anni che mi frequento, anche con una certa continuità, e ancora riesco a sorprendermi. Faccio, dico e penso cose che, anche a cercarla, una spiegazione proprio non ce l'hanno.

Per esempio da anni nutro l'incubo dell'incidente. Ma non sempre. Solo quando so di avere addosso i capi intimi più urfidi, schifosi e raccapriccianti del mio guardaroba. Ci ho la mutanda a zampa di elefante? La voragine aperta nel calzino? Il reggiseno scrauso con su la fantasia di rane, rospi e raganelle comprato quel giorno che mi facevo schifo da sola? Mi parte il plafond e penso: "Vuoi vedere che mi investono?". E mi vedo già lì, tatuata sull'asfalto, con barellieri e unità di rianimazione al gran completo intorno che, invece di soccorrermi, discutono appassionatamente del design fuori moda della mia mutanda. Mai che pensi a un incontro galante inaspettato o a un ciupa ciupa erotico inatteso. No. Io penso all'incidente. E questo la dice lunga sull'intensità della mia vita casual-amorosa. D'altronde sono figlia di mia madre che teneva e tiene tuttora un cassetto adibito soltanto alla conservazione dell'intimo in caso di visita specialistica o ricovero improvviso.

Comunque so di non essere la sola a navigare nell'immenso mare della pazzia. Un'altra follia tipica delle donne è l'approccio deviato all'abito da sposa. Fateci caso. Quando chiedi a una futura sposa come sarà il suo vestito di nozze, la risposta è sempre una e una sola: «Semplice». Il vestito è sempre semplice. Poi vai al matrimonio e scopri che la sposa ci ha su dai quaranta ai cinquanta chili di roba. Tutto un tripudio di balze, tulli, fronzoli, pizzi e mulinelli. Roba che l'abito della Perla di Labuan al confronto è un saio da frate. Intravedi persino il cerchio di ghisa sistemato sul fondo. Ma se ti azzardi a dirle: «Che bello il tuo abito!», lei comunque ti risponderà: «Ti piace? È semplice».

Femmine violente

Ok. Prenderò lezioni di kung fu. Devo fare qualcosa per scampare alle aggressioni degli automobilisti idrofobi.

Non so voi, ma io non li sopporto più. Sono una donna, sì. E allora? Mi hanno dato il diritto di voto, potrò anch'io scarrozzare il mio simpatico culo dove mi pare... o no? Macché. Le femminielle al volante rimangono impedite per definizione. Non c'è evidenza che tenga. Così sia. Però basta con lo stress da semaforo. È appena scattato il verde e loro... peee!, ti suonano. Aspetta un attimo, dammi il tempo... peee! Mmmmhhh... Ma dove devi andare? Non siamo mica a Imola! Rilassati, Sumiacher di Porta Pila... Peee! Tu lo sai che sei un enorme agglomerato di deficienza, mio bel peee peee... Guarda... passa. Vai... vai dove ti porta il cuore e soprattutto dove ti mando io.

Ma la liberazione ha i minuti contati. Eccomi nel controviale per parcheggiare... ti spiace aspettare due secondi? Peee! Ancora tu? Ma non dovevamo non vederci più? Peee! L'ansia che mi metti... Peee! Dai fastidio, lo sai? Ora per colpa tua non capisco più se devo sterzare a destra o a sinistra... Peee! Ma allora ci hai proprio il cervello grosso come un pisellino primavera... guarda, passa... mi metto qui con le mie belle lucione di emergenza e tu vai pure... e salutami tanto tanto tua sorella. Ohhh.... finalmente! Mah? Cosa fa lei? Mi ruba il posteggio? Guardi che c'ero prima io. Niente. Fa finta di non sentire. Caccio un urlo in acuto di sol da farmi tremare l'elastico delle mutande. E lui mi ignora. Conan il barbaro parcheggia facendosi non solo un baffo ma anche due belle basette di me e dei miei diritti di prelazione. Demonio. Sono uno straccio inzuppato di veleno. Un'idiota esausta. Arrivo sotto casa. Niente posteggio, come al solito. Le auto non sono parcheggiate. Sono adagiate come fette di mortadella. La Cinquecento del barbiere tiene lo stesso posto di un panfilo. Che schifo. Vivere solo per sé è una ben magra soddisfazione. Io ammetto le mie colpe. Guidare guido, ma Barrichello è un'altra cosa. Più che altro guido e basta. Della macchina non me ne occupo minimamente. D'altronde l'ha detto anche la Berti: fin che la barca va lasciala andare. E tu non remare. Beh. Fin lì ci arrivavo anch'io. Semplicemente perché i remi nella Cinquecento non mi stanno. Quello che succede sotto il pesante coperchio del cofano è un mistero. L'orchestrina dei pistoni per dire. Quanti saranno? Uno nessuno, centomila? Va a sapere. Le pastiglie. Quelle, dài e dài, si consumano. Ah sì? E chi le succhia? I fusibili li so. Me li cambio da sola i fusibili, io. Zic... fatto. Ahhh! Che emozione grande. E parliamo dell'olio. E quanto ce ne vuole di 'sto olio? Una damigiana? È una macchina non è mica un'insalata! E metti l'acqua. Dove? Saperlo. E poi quella lucina rossa che si accende nel cruscotto nero sta di un bene... Come una rosa baccarà appuntata su un romanton da sera. E poi c'è la cinghia. Non mi parlate della cinghia. Io la pago, anche profumatamente, e lei? Fa di tutto fuorché girare. Fischia, ravana, e alla fine si spetascia frustando tutto quello che c'è intorno. Resistente come l'elastico di una mutanda vecchia. Il bollo lo faccio. Ne faccio uno nuovo quasi ogni giorno. Mi basta posteggiare. Sbattendo allegramente qui e lì come la pallina di un flipper.

L'auto dell'uomo
e l'auto della donna

Tema: l'automobile dell'uomo e l'automobile della donna.

Svolgimento. In una coppia normale sposata o convivente è regola comune che la macchina bella venga usata dall'uomo e che alla donna spetti d'ufficio il catorcio. Motivo? Tanto lei la adopera solo per andare a fare la spesa. Poi che il supermercato sia a Mogadiscio o Timbuctu, questo non è un problema del capofamiglia. E non lo è neanche il fatto che in auto lei vada a lavorare, porti regolarmente i figli al corso di jujitsu, al catechismo e alle feste di compleanno dei compagni di scuola. E vada per lui dal commercialista. E porti la suocera dal reumatologo.

Le donne macinano chilometri peggio di un camionista, su trabiccoli che fanno i rumori di un cingolato, con portiere che si aprono solo dal di dentro e specchietti retrovisori che stanno su col cicles. Intanto lui cambia i cerchioni alla macchina bella e li mette in lega. Sì. Perché lui ha cura dell'auto e noi no. Ma come facciamo ad avere cura di un cesso che sta insieme per una legge della fisica ancora sconosciuta? E no che non la laviamo, meglio che stia sporca così la polvere camuffa. E che ci possiamo fare se abbiamo i cali di pressione? Dobbiamo per forza tenere sul sedile qualche pavesino e una banana annerita per i casi di emergenza. Sì. Sul cruscotto c'è anche un rossetto mezzo sciolto. Ohhh. Siamo donne e oltre alle gambe c'è di più. Le labbra, per esempio. Intanto lo stradario è ancora col cellophane. Tanto non lo sappiamo leggere. Vogliamo parlare invece di quei buchini sul sedile della macchina bella? Saranno mica i mozziconi di sigaretta buttati dal finestrino davanti e rientrati a boomerang dal finestrino dietro? E la simpatica borsa della palestra lasciata stagionare per settimane nel bagagliaio? Ma portiamo un po' di rispetto per chi fa regolarmente arrivare i soldi in casa dalle assicurazioni. Chi si ferma coi verdi? Noi! Chi inchioda quando ha la precedenza? Noi. E chi paga? Gli altri, ovviamente. Voi intanto continuate pure a coprire l'auto col telone e magari rimboccatele pure gli angoli, che non prenda freddo.

Auto stop

Faccio tanto la furba e poi... come al soltio: mi sono persa. In macchina, per Milano. È successo ancora. Più chiedo indicazioni e più mi confondo. Non so se capita anche a voi. La gente per strada mi spiega e a me si scollegano i contatti cerebrali. Oppure il contrario. Tutto mi appare molto chiaro. Procedo seguendo le indicazioni e mi sento felice. «Ah sì, questa è la banca sulla sinistra, ok ci siamo, il benzinaio sulla destra, e vaaaiii, l'incrocio col semaforo, perfetto, qui giro a destra» e invece tac: il cantiere. L'interruzione stradale che blocca l'unica strada che conosco. Nooo!!!

Primo pensiero: io passo lo stesso. Ma c'è la parata di gala dei vigili urbani. Conviene optare per il piano numero due. Dunque: faccio il giro dell'isolato, mi trovo sulla parallela e così sono a posto. Illusa! Quella via non la troverai mai più. Svoltato l'angolo cambieranno i paesaggi, la città non sarà più la stessa, persino i passanti non parleranno più la tua lingua. Cambierà il clima, il colore della pelle e lo stile delle case. Come fossi stata catapultata in un'altra dimensione. Soltanto quando l'appuntamento sarà sfumato per sempre, la strada tanto cercata apparirà magicamente ai tuoi occhi. A questo punto capiterà un altro fenomeno che ha del metafisico: ti troverai continuamente in quella strada. Ogni volta che salirai in macchina, che prenderai l'autobus, che farai un giro a piedi. Sempre lì. Questa si chiama confusione mentale. La stessa che mi attanaglia quando i vigili o i carabinieri mi fermano a un posto di blocco. Anche se non ho commesso nessuna infrazione, se so di avere i documenti a posto e l'auto revisionata da poco mi parte il plafond. Sragiono. Mi confesso colpevole ancor prima che qualcuno si sia presa la briga di accusarmi. Sarà che mi porto dietro l'antico retaggio di essere femmina che sa di dover pigliare le botte senza sapere il perché.

I truzzi della California

Ma le donne piemontesi non dovrebbero anche loro essere delle *bougia nen* [*pantofolaie*]? E allora com'è che al Colosseo, allo spettacolo dei California Dream Men si dimenavano su quelle poltroncine come trote appena pescate? Neanche Christò sarebbe riuscito a impacchettarle!

Dunque. Adesso vi spiego. «TorinoSette» mi chiede un pezzo sullo spettacolo. Io a malincuore accetto. Si sa, per il giornalismo bisogna fare dei sacrifici. Coinvolgo anche la mia amica Paola che, per garantirmi la sua adesione alla serata, mi lascia in segreteria qualcosa come cinque messaggi di conferma. Demotivatissima anche lei. Arriviamo al Colosseo, posteggio la Cinquecento su un cassonetto della spazzatura, e ci dirigiamo alla biglietteria. Mi danno un posto in quinta fila e la manza di fianco a me commenta piccata: «Quinta fila? Che culo!». Sgomitiamo tra le Giacomette e raggiungiamo le nostre postazioni. Davanti a me un'orca assassina in paperine di bronzo e capelli pettinati col grasso del prosciutto. Di lato una fighetta in mini giropassera e contorno labbra filettato al tornio. Si spengono le luci e parte l'ambaradan in una canea di fischi, urli, sbavi e rantoli... più o meno come succedeva da piccoli quando ci proiettavano i film all'oratorio. Eccoli i California! Che meravigliosi truzzi! Ce n'è proprio per tutti i gusti. Il bruno, il biondo, il giapu, il nero, il gagno, e ancora il riccio, il liscio, il pelatone... tutti che si danno un gran da fare a strappar 'sti velcri e scoprire il didietro. Ballano, i topacchioni, in quadri scenici che definire banali è usare un eufemismo. Fanno i marinai, poi i cow-boy, gli egizi con tanto di faraone, arrivano in moto, poi fanno la doccia, stappano lo spumante e sventolano persino le catene della bici. E noi befane urliamo, e stiamo al gioco, perché siamo molto più spiritose di quanto si pensi. Lo sappiamo che questi *dreamer* se non sono gay (e visto il grado di depilazione le possibilità sono altissime) in fondo sono uguali ai nostri boy. Parlano, parlano e poi? Un bacino sulla guancia e chiuso il sipario. Ma noi per una sera facciamo finta che non sia così e sogniamo che alla fine dello spettacolo uno di quei principi tuareg ci rapisca, ci carichi sul vespino e ci porti a Tangeri... a mangiare la bagnacauda.

Non esistono uomini perfetti. Per noi

Ma ritorniamo alle questioni di cuore. Siete pronti per un'altra grande verità? Bene. Non esistono uomini perfetti. Esistono uomini perfetti per noi. E questo vale anche per le donne. È come se fossimo pezzi di un puzzle. Se ci abbiamo una gobbetta a destra, una gobbona a sinistra e la punta in alto, dobbiamo trovare l'incastro con un pezzo con la gobbetta a sinistra, possibilmente senza gobbone e magari con la punta in basso. Facile? Per niente. Bisogna fare un sacco di prove.

È raro trovare al primo colpo il pezzo giusto. Qualcuna ci riesce. La maggior parte fa finta. Altre ancora provano e riprovano. Sarà che hanno un difetto di fabbricazione oppure non si accorgono che il pezzo di puzzle che cercano da anni sta lì, a due centimetri dal loro naso, nascosto dal pizzo del centrino.

Inutile farsene una colpa. Quello che abbiamo lasciato tra pianto e stridor di denti non era un cretino, egoista, lurido scarafaggio. Magari a ben guardare lo era anche, ma prima di tutto era un boy che non andava bene per noi. Ci abbiamo provato. Si ricomincia. Palla al centro. Vogliamo mica strapparci i capelli a ciuffi come Clitemnestra al culmine della tragedia? Va be' che adesso vanno di moda le *estencion*, ma francamente non mi sembra il caso. E comunque tutto questo sperimentare non è mica così faticoso come picconare il carbone in miniera. Ha i suoi bei lati positivi. Si conosce gente, si passa il tempo, ci si trita il cuore e ci si rompe le corna. Ma si va avanti. E si vive, porca miseria. Io li detesto quelli che hanno così paura della vita che campano criticando quello che fanno gli altri, stando immobili come pezzi di dolomite. Neanche di iceberg, perché quello ogni tanto per via delle correnti si muove. Non so se vi è mai capitato. Sono coppie dall'amore decrepito che passano il loro inutile tempo sparlando. Non vedono l'ora che qualcosa agli altri vada storto, almeno hanno argomenti. No, grazie. Preferite vivere. E se sbagliate, consolatevi. Sta scritto che «ogni nuova fede nasce da un'eresia».

No, viaggiare

Odio viaggiare. Soffro l'auto, mi irrita l'odore di pelo bruciaticcio dell'aereo, perdo i sensi anche solo in canotto. Temo le sbandate del risciò e cado in trance sul Pendolino. Detesto le partenze e odio gli addii, anche se sono brevi, io, che mi stanco solo sognando. Sarà che non riesco a far fronte alle malinconie degli abbandoni. A quei magoni che ti inchiavardano il pomo d'Adamo e ti tolgono il respiro. Io son così debole di cuore che mi turba persino la pubblicità del salvalavita Beghelli. Quella della nonnetta che sta per tirare l'ala, schiaccia l'aggeggio appeso al collo e poi il figlio arriva di corsa e grida «Mamma!»; ecco, lì crollo. Non riesco a trattenere le lacrime.

E poi, nonostante mi tocchi di farlo spesso, non sopporto proprio viaggiare in aereo. Si tratta di un'inquietudine sottile, un leggero affanno, un sottilissimo timor di tragedia. No, perché a ben pensarci, di motivi ce ne sono, eccome! A parte la consueta pantomima della hostess che in totale serenità ti indica sorridendo il salvagente sotto il culo, il sacchetto per il vomito e la mascherina dell'ossigeno sul capoccione, quello che non mi sono mai spiegata è il motivo per cui, a pochi minuti dal decollo, il comandante ti saluta e poi non può fare a meno di darti qualche informazione sul tuo volo: «La velocità di crociera è di ottocento chilometri all'ora, l'altezza di novemila metri e la temperatura all'esterno è di meno quarantasei gradi centigradi». Ma, senti un po', caro comandante ciupa ciupa, te l'ho chiesto? Credi che mi interessi sapere da che altezza precisa potrei precipitare e a quale temperatura congelare in aria? Lo capiamo tutti che sei teso perché ti porti centinaia di cristiani sul groppone! Ma credimi... è eticamente scorretto cercare di condividere con i passeggeri la tua ansia, cocchiere dei miei stivali... non te l'ha mica ordinato il medico di cavalcare un siluro volante. Hai voluto il Boeing? E adesso sorvola!

Overdose da diapo

Intanto. Son tornati i vacanzieri delle ferie troppo intelligenti. Quelli che allo sbocciar della prima primula veleggiano verso mete lontane godendosi poi la canicola d'agosto inchiodati alle scrivanie. Li abbiamo di nuovo qua, sulle croste, abbronzati come gianduiotti e, soprattutto, pieni di noiosissime diapositive e impazienti di mostrarcele. Neanche la maledizione di Montezuma è riuscita a fermarli... e con cene a base di avocado, manghi, cichi e tonghi ti celebrano il rito nefasto della proiezione. Due ore minimo per montare l'ambaradan che, purtroppo purtroppissimo, ci ha sempre qualcosa che non va: il che ti fa ben sperare! Invece no. Alfin tutto s'aggiusta e si parte.

Le diapo non sono mai meno di cinquanta. Questa è proprio una legge naturale e le pesche ripiene agli amaretti vengono servite alla fine. Sparata la prima cartucciera, i reduci dalla vacanza si sparerebbero volentieri tra loro mentre a te sudano le palpebre dalla noia. «No, qui siamo lì!», «No, lì siamo là!», «Lì era dopo...», «No, qui era prima...» Il delirio in purezza. Battibeccano fino a quando la diapositiva non si fonde nell'obiettivo lasciando quel classico odore di piume di gallina bruciaticce... ed è lì che finalmente la giustizia trionfa!

Io che non amo viaggiare ho trovato uno splendido escamotage: uso le droghe. Certo. Annuso le spezie che tengo sul mensolino della cucina. Svito il coperchio, sniffo... e viaggio col triciclo della mia fantasia. Parto col ginepro. Mhm... mi immagino di essere in un bosco all'ombra. Chiodi di garofano? Mhm... pranzo di Natale, neve e biscotti allo zucchero. Cumino? Sa di pelle di tuareg. Come faccio a sapere l'odore di tuareg? Me lo immagino. Comunque quella l'ho annusata un po' più delle altre. La noce moscata sa di suora e la menta di nonna. Finisco con l'origano che sa troppo di buono. Un'unione gioiosa di terra, sale ed erba. Me lo sono messo in borsetta. Lo annuserò di nascosto durante i viaggi in treno a Milano che sono così noiosi!

Il collezionista
ma non di ossa

Chiedo pubblicamente che venga abolita una volta per tutte la tradizione nefasta del regalo. L'orrido pensierino, lo stomachevole omaggio, il presente che logora chi lo fa e chi lo riceve. Tanto si sa. Quasi mai un regalo si dimostra all'altezza delle aspettative. Desideri un anello? Ti arriverà una pentola a pressione. Aspetti un viaggio alle Canarie? Ti regaleranno un dobermann. E allora basta! Guardiamo in bocca al caval donato!

Ricordo ancora uno degli ultimi regali del mio moroso storico. Al posto dell'anello di fidanzamento mi arrivò un cestino di Natale. Di quelli aziendali, con il cibo dentro. Insieme alle pastiglie al miele e all'arquebuse c'era persino una bottiglia di amaro, per me, che sono astemia dalla nascita.

E non parliamo dell'ostinazione degli amici quando sanno che fai la collezione di qualcosa. Lì il tuo destino è segnato. Mio cugino ha dovuto ricorrere a pubblici annunci per comunicare la fine della sua collezione di elefanti. Entrare in camera sua sembrava di varcare la soglia dello zoo safari di Fasano. La mia amica Lara invece non ci è ancora riuscita. Lei fa la collezione di maiali. E ci ha di tutto. Poster, portacandele a forma di suino, copriletti crivellati di porcelli, un'enorme scrofa di vetro di Murano e persino un baby-doll con tanto di porco ammiccante. Quando vado a trovarla mi sembra di entrare in un porcile... trovo che non sia affatto carino.

Comunque in fatto di regali una cosa almeno ci rimane: la carta. Chissà perché a tutti, prima o poi nella vita, prende 'sta fregola di conservare la carta dei regali. Io, che riesco a buttare via tutto, persino il biglietto nuovo dell'aereo o la ricevuta della tintoria, la carta dei pacchi la tengo. Non si sa mai. Se mai dovessi rimpacchettare un dono per ri-regalarlo...

Nel perfetto ecosistema del riciclo anche la carta fa la sua porca figura.

Casa, dolce casa

Io non so se succede anche a voi. Di farvi turlupinare con simpatia, dico. È una specie di rito macabro. Facciamo l'esempio classico della casa. Capita più o meno così.

Affitti o acquisti un appartamento e devi risistemarlo. Nessun problema, è tutto nuovo, tutto a posto, e i padroni ti assicurano: «Guardi... basta una mano di bianco». Quella frase lì è foriera delle più grandi catastrofi. Io parlo per esperienza personale. Posseggo da pochissimo un monoloculino a Milano di quaranta metri quadri. Calpestabili due. Una sorta di tana di tasso con dei muri spessi come il mausoleo di Galla Placidia a Ravenna. Chi me l'ha venduta mi ha giurato che era tutta a posto e bastava una mano di bianco. Io ho fatto un voto solenne. Prima o poi, gli spaccherò qualcosa. Anche soltanto il deflettore della macchina, ma devo farlo. C'erano quindici strati di tappezzeria. Sembrava di sfogliare dei mazzi da briscola.

Ma torniamo alla ristrutturazione. Arriva l'imbianchino fidato, l'idraulico onesto, l'elettricista cugino alla lontana. C'è da star tranquilli. Certo. Tranquilli che il disastro troverà il modo di compiersi. Di solito entrano, buongiorno buongiorno, spaccano qualcosa e poi vanno a mangiare.

E poi c'è un altro problema. Io non so perché quando devi comunicare con gli operai cambiano i codici di linguaggio. Tu dici «Mi tolga tre file di piastrelle» e te ne tolgono trenta, «Mi metta la presa di qua» e te la trovi di là, il tubo te lo piazzano a mo' di siluro e le mensole le montano così alte che per appoggiare qualcosa ti devi elevare come un cestista in finale di azione. E quando ti chiedono, con quel fare sornione e immacolato: «La cucchiara la cambiamo?». Ora. Quella parola lì, cucchiara, tu non l'hai mai sentita nominare. E dire che sei persino laureata in Lettere. Di cucchiara conosci solo Tony, il famoso cantante, ma hai fondatissimi dubbi che non si stia parlando di lui. Cosa fai? Chiedi col cuore in mano: «Secondo lei?». Risposta: «Io la cambierei». Chiaro. Solo nell'atto del saldare i conti, scopri che la cucchiara vale quasi come un collier di diamanti ma costa un pelino di più.

Finale. Io ho una minuscola casa, coi muri verde manicomio, le mensole sul soffitto e un'unica presa della TV. Nel ripostiglio.

Abbasso l'open space

Per la mia casa di Torino (non sono una miliardaria. Semplicemente abito a Torino e invece di prendere un pied-à-terre in Riviera l'ho preso a Milano, dove lavoro. Vista corso Buenos Aires) ho dovuto fare i conti con un'altra moda: l'architetto. Un tempo prerogativa solo dei ricchi, oggi privilegio concesso un po' a tutti.

Di solito, il tuo appartamento all'architetto fa schifo, ma non te lo dice un po' per educazione, un po' perché lo devi ancora pagare. Ma questo, purtroppo, non lo capisci subito. Devi arrivare al momento della presentazione del suo progetto di ristrutturazione. A tutta prima, non riesci neanche a orientare il disegno. Come rivedere la tua casa dopo un bombardamento nucleare. Se dovevo buttare giù tutti 'sti muri potevo comprarmi un'autorimessa e tu progettare un nuovo Beaubourg, che facevi prima. Non riesco a fare a meno del fascino discreto dello sgabuzzino. Tutto 'sto *open space* sarà anche stiloso, ma dove lo metto l'aspirapolvere? In cantina? Me lo faccio tenere dalla vicina di casa? A me piacciono le stanze. Sono piccoli mondi, tane, gusci, che si chiudono e si aprono come scatole magiche. Come sono dozzinale, come sono démodé. Se capisco così poco di stile potevo evitare di chiamare l'architetto. Giusto.

Però spiegami perché a casa tua (che peraltro è bellissima) i muri sono bianchi e a me li dipingi coi colori della muffa del limone? Perché se ti imploro di mettere il parquet, tu mi convinci che la ceramica è più calda? Dimmi perché mi guardi con disprezzo se vacillo nel distinguere un bianco ghiaccio da un bianco antico? Mi odi così tanto? Cosa ti ha fatto di male la credenza di mia nonna da meritarsi tutto il tuo livore? È un'eredità, un ricordo. Cosa tieni nella gabbia toracica? Un cuore o un tecnigrafo? Ok, sono un'idiota senza stile. Niente credenza. Lì mettiamoci pure la lampada di design che costa un occhio e fa quella bella luce mesta delle stalle. Non c'è storia. Ristrutturare fa rima con litigare. Se sei single, ti accapigli solo con l'architetto. Se invece sei sposato, ti incazzi prima col partner e poi con l'architetto.

Candele al rogo!

E siamo a quota quattro. Cinque, se ci contiamo anche la sottoscritta. Un bel full di baluba che sono riusciti ad appiccare il fuoco in casa facendosi intortare da questa moda imbecille delle candele.

Personalmente ho dato fuoco al materasso. Leggere a letto a lume di candela mi sembrava tanto romantico... peccato addormentarsi così, senza spegnerla, col sorriso dell'incoscienza spalmato sulle labbra. Volevo fare la Casa nella prateria e a momenti finisco come il curato d'Ars. In fondo mi bastava fare mente locale: le praterie bruciano per definizione. Persino Rossella a Tara ha visto i gatti fumare. Il mio amico Giorgio invece ha bruciato il tinello. La candela al gelsomino e le tende di cinz a petunie. Troppo vicine. È stato un attimo. Ci ha ancora oggi le pareti sfumate nei colori della scamorza affumicata.

Vuol dire che siamo diventati tutti cretini? La risposta è sì. Le candele da sempre hanno avuto un solo scopo: illuminare poco. Fine. Visto che noi ci abbiamo cataste di alogene e fior di interruttori disseminati per casa, cosa le accendiamo a fare? Per profumare l'ambiente? Balle. Le candele profumano solo quando sono spente. Accese sanno di bruciaticcio, come sta scritto nella loro natura. E poi il fumo non lo mangiano, ma lo producono, come è giusto che sia. Vero è che arredano un casino. Eh sì, perché non ci son più le candele di una volta, fatte a forma di candela. Ce ne sono a palletta, a cannocchiale, a fior di margherita, perlinate intorno con steccati di cannella che brucian via con niente. Hai voglia a rovinar tovaglie incollandoci sopra pure il ferro da stiro che così la cera va via meglio.

Per profumare l'ambiente c'è invece chi si sfinisce con gli incensi. Vai a trovarli e già sul pianerottolo avverti il profumo della città proibita. Entri ed è come stare in una casa chiusa dell'oppio di Nantong. Il mio consiglio? Se non fai il sacrestano evita le candele. Oppure usa quelle con la lampadina. Fanno un po' tanto ex voto ma almeno son sicure.

X-Files domestici

Oggi ho perso una padella. E non riesco a darmi pace. Eppure è sempre stata lì, sul suo mensolino. Ma oggi non c'è più. Sparita. Da un giorno all'altro. E poi così, di colpo, senza lasciare neanche due righe. Roba da *X-Files*. Sarà anche lei entrata nella terza dimensione. Perché a casa vostra non si sono mai manifestati dei fenomeni paranormali? Non ci credo. Niente lavatrici che mangiano i calzini? Io giuro che prima o poi piazzerò una telecamera davanti alla mia macchina da lavare e manderò il video a qualche trasmissione di metafisica.

La scena è la seguente. Mi chino davanti all'oblò col mio bel paio di calzini. Due. Calzino destro e calzino sinistro. Sono cosciente. Sono nel pieno delle mie facoltà. Sono due. Li vedo. Qui, tra le mie mani. Introduco il tutto, seleziono «bucato molto sporco» (adoro gli indumenti infeltriti come carta assorbente), aspetto. Risciacquo. Centrifuga. Apro. Di calzino ce n'è soltanto uno. Mutande, asciugamani, magliette... tutto ritorna all'appello. Tranne lui. Il maledetto. L'insofferente calzino desideroso di riprendersi la sua libertà.

Eppure ci son calzini che stanno sempre in casa. Chiusi dentro la solita ciabatta. Io lo portavo in tournée, gli facevo calcare i palcoscenici d'Italia, qualche volta l'ho portato persino all'estero... ingrato. Tale e quale al telefono di casa. Lo sento squillare che son giù nell'androne, mi scapicollo su per le scale, sfondo la porta, mi inciampo rovinosamente nello zerbino, casco sulla cornetta, la sollevo e... tutututututut... niente. Hanno messo giù. Dài, non è possibile... dev'essere un'iniziativa privata del telefono che si fa beffe di me. E chi ha buttato la garanzia in pattumiera? Io no di certo. E com'è che il latte appena mi giro si spatascia sul gas? Ora basta. Chiederò al mio *Ficus benjamina* come stanno davvero le cose... è l'unico amico sincero che mi è rimasto in casa...

Il caso delle cose

Non c'è storia. Anche la scienza più illuminata deve rassegnarsi. Abbassare il capo e recitare il *mea culpa*. Eh sì. Ci sono eventi metafisici che mai e poi mai riusciremo a spiegare. E non parlo di guarigioni miracolose o di fenomeni di bilocazione... molto meno. Domandiamoci: perché gli attaccapanni negli armadi sono sempre meno degli abiti che devi appendere? Che fanno? Si autodistruggono nella notte? E perché le cose che ti stanno in un cassetto piccolo piccolo riesci a malapena a farcele entrare in uno molto più grande? E per quale motivo va via la luce sempre quando hai programmato il videoregistratore? E come mai il postino viene a consegnare la raccomandata nell'unico momento in cui sei uscita a prendere il pane? Non si sa. Sarà che siamo tutti pazzi? Può darsi ma ci deve essere dell'altro.

Il mio *must* è riuscire a spaccare sempre le cose che mi prestano nonostante le usi con l'attenzione e la minuzia di uno sminatore. Lo stesso mistero per cui se metto per benino una cosa a posto poi non la trovo più. È matematico. E ancora. Qualcuno mi sa spiegare com'è che se decidi di buttare via una cosa che per lustri e lustri non hai mai usato poi magicamente ti serve da morire? O com'è possibile che non ti ammali mai quando hai il compito in classe, ma sempre quando devi andare in gita? Fossi saggia vi direi che l'unica è lasciare che le cose vadano per conto loro senza incimurrirsi troppo. Ma sono io la prima a non farcela.

C'è una cosa che poi mi fa imbufalire più di tutte. Quando, dopo essermi arrovellata a far funzionare un oggetto qualsiasi, che sia un frullino o un acchiappamosche elettrico, decido di portarlo ad aggiustare e, nel momento in cui illustro all'addetto il caso, l'oggetto in questione riparte al primo colpo. Sento proprio l'imbecillità impossessarsi di me. Mi diverte di più arrivare il giorno della visita specialistica, attesa per mesi e mesi, senza neanche un sintomo e parlare al medico con la stessa credibilità di Scaramacai.

VaffanGiga!

Io, però, lo ammetto. Io appartengo a quella categoria di umanoidi che vivono un rapporto tormentato con la tecnologia. Non è una scelta morale. È proprio un limite mentale. Non ci capisco e, soprattutto, non me ne frega niente. Non so programmare il videoregistratore, ho una relazione straziante con il fax, e persino il citofono riesce a turbarmi. La mia radiosveglia ha fatto comunella con la segreteria e fanno autogestione e anche il boiler ultimamente si programma da solo. E poi c'è il computer, croce e delizia di ogni rimbambito che si rispetti. E, quando c'è lui, c'è sempre l'amico, quello che di robe di informatica ne sa.

L'amico ha smesso di parlare come un cristiano normale ormai da tempo, non ti chiede più come stai ma quanta ram hai, il numero dei giga del tuo hard disc, e trema alla notizia che il virus purtroppo non ha contagiato te, ma solo i tuoi file. Quando viene a trovarti ha sempre l'animo generoso di chi fa volontariato sociale: «Che ne dici se ti sistemo il computer, così fai più veloce?».

Vi prego, non dite di sì. Io non smetterò mai di odiare il mio amico Ettore. Grazie ai suoi interventi di miglioramento sono riuscita a cancellare cose che avevo scritto nel '93 e tutte molto velocemente. Ma il rapporto più complesso rimane quello con la stampante. Si sa. Il computer, quello, è maschio. Certo, ti fa arrabbiare, a volte si inchioda, è testardo, ma c'è di buono che al momento giusto lui sa diventare un altro, in un attimo è grande, grande, grande e le tue pene non te le ricordi più. La stampante no. Lei è femmina e, quindi, per definizione bisbetica. Funziona soltanto quando lo decide lei. Inutile tormentarla: aumenta i capricci. Io a volte le parlo e le dico: «Dài, Canny (si chiama Canon, ma preferisce il diminutivo), siamo tra donne, dimmi cosa c'è che non va... parla, confidati...». Niente. Teme solo l'abbandono. Se faccio finta di andarmene via sbattendo la porta allora si turba. Gorgoglia, mi strizza l'occhiolino del led luminoso e poi mi butta i fogli addosso come leggere carezze. Queste femmine!

Il saldista doc

Tempo di saldi. Svendite di fine stagione. Offertone. È partita la corsa all'acquisto intelligente. Quindi niente da fare per chi, come me, non possiede il fiuto, il talento naturale, l'occhio clinico per l'affare. Sì, perché io son convinta che l'attitudine al saldo sia una dote naturale, come la calvizie o il naso a spillo. I saldisti doc son quelli che per mesi, mansueti, aspettano. Sicuri, con la calma quieta dei killer fanno la posta all'oggetto desiderato e poi, allo scattare dell'ora X, si avventano su di lui famelici come barracuda. Io invece faccio parte dell'altra categoria, cioè di quelli che, con fare lievemente ebete, di solito acquistano a prezzo pieno il giorno prima dei saldi e cambiano poi il prodotto fallato il giorno dopo, ricevendo un buono sostitutivo dimezzato nel valore.

E veniamo alle vetrine. Quelle dei saldi fanno indiscutibilmente venire l'ansia. Che siano tappezzate da scritte intimidatorie: «Muoviti!», «Sbrigati!», «Guarda che sono treni che passano una volta e poi mai più!», o che espongano senza pudore le merci di una qualità e di un design sempre più simili ai premi di un banco di beneficenza o di una pesca miracolosa. Ma, scusate se mi permetto: non è mica tutto come il vino che più invecchia e più è buono! Come mai, se la moda fino a ieri mi ha propinato un'orgia di grigi e neri, adesso mi fanno capolino dei begli aragosta, dei marrone fango, dei rosa würstel, dei verdi muffa ? Mi dite cosa me ne faccio di un top di pannolenci anni Settanta e di una dolcevita stile impero? I miei armadi strabordano di mini di «taftà» e di camiciole coi «vol-au-vent» (come diceva mia nonna). Ma anche quando poi, raramente, trovi qualcosa che possa fare al caso tuo... scordatelo. Niente. Non c'è mai la tua misura. Mai. Con le taglie dei saldi, questo è un dogma assoluto, si possono vestire soltanto donne cannone, uomini Frankenstein e nani di Twin Peaks.

Gli architetti in cucina

Domanda: secondo voi perché uno va al ristorante? Risposta: per mangiare, ovvio. Ovvio un corno. Mi sa che questo concetto basilare è via via evaporato dalle menti dei ristoratori sempre più attenti alla forma e meno al contenuto.

Ho come la sensazione che oggi, per aprire un ristorante, sia più importante trovare un buon architetto che un buon cuoco. Per carità. I locali sono troppo trendy, gli arredamenti curatissimi, i materiali pregiati, i pavimenti di cotto, i muri salmonati, la musica giusta, le luci soffuse... ma nulla di questo si mangia. Scusate la mia logica terra a terra. Non sarò Raspelli, ma quando ingurgito una schifezza me ne accorgo. Se devo mangiare male, cucino io che sono un'esperta, a casa mia, che mi costa anche molto meno e non devo neanche passare le ore a cercar posteggio. Per non parlare delle attese estenuanti passate a gonfiarsi di pane come pesci rossi.

Quello del ristoratore è un mestiere serio. Non bastano i soldi. Prova a improvvisarti idraulico e cambiare tubi se non sai nemmeno da che parte si comincia, o attore se ti trema la voce e non hai memoria, o muratore se sei gracile come un grillo...

È che vorrei sapere dove sta il problema. Non ci sono

cuochi in circolazione? Non ci credo. Costano troppo? Beh, vorrà dire che si risparmierà un po' di più sulle candele. Le tasse massacrano? Lo fanno con tutti, è un po' la loro prerogativa. E dire che noi ragazzi dal Sessanta in su siamo anche tanto di bocca buona, molto più tolleranti dei nostri padri che mangiano fuori con l'unico obiettivo di mangiare, mica di trastullarsi in chiacchiere inutili. Però non siamo completamente badola.

Il massimo, poi, sono i ristoratori isterici che più il locale è pieno e più danno di matto. Tu entri e loro ti odiano, lo vedi dallo sguardo amabile come quello di una vipera del Gabon.

Che fare allora? Andare sul sicuro. Soliti locali. Facendo code in strada come alla posta centrale o prenotando con molto anticipo pur sapendo che i tempi di attesa sono più o meno quelli di una Tac.

Pippoli strascicati
in bagna all'erba finocchia

Comunque un plauso sentito alla fantasia dei molti ristoratori. Davvero. Grazie a loro è nata una corrente di nuova letteratura che oserei definire culi-pulp. Leggete i menù e datemi ragione. Più i ristoranti sono chic e più i nomi dei piatti che propongono sono contorti e strampalati. Tipo: Flan di cardi al turlupupu con sgnau di topinambur all'acciughina saltata. Oppure: Pippoli strascicati in bagna all'erba finocchia. E ancora: Bigoli profumati al torchio con barba di montagna. Poi tu mangi ed è sempre una specie di pasta al sugo o un gran misto di insalata che sa di Vicks Vaporub.

L'altra meraviglia è il piatto con il nome proprio. Spaghetti alla Pinocchio. Gnocchi alla Gelindo. Tagliatelle all'amico di Lola. E lì o sei incosciente oppure chiedi cosa c'è dentro il sugo alla Gelindo. Ed ecco la noia dipingersi sul volto del cameriere, la rogna molesta di chi per la milionesima volta in una giornata deve elencare gli ingredienti del maledettissimo sugo. Ma se il vostro capo è un sadico paranoico non è colpa nostra!

Ma il colpo di grazia lo affonda comunque il cliente al momento del caffè. Fateci caso. C'è gente che per ordinare un caffè ci impiega più o meno il tempo utile per discutere una tesi di laurea. Dunque. «Vorrei un caffè decaffeinato, ristretto, in tazza grande, con acqua calda a parte, macchiato freddo con latte parzialmente scremato e se me lo può già zuccherare con due cucchiaini di Dietor busta blu, grazie. Ah, se può fare in fretta che son già in ritardo!» Per la neuro. Certo. Ma fattelo a casa, 'sto caffè, che sai già come lo vuoi, non sprechi neanche il fiato e, soprattutto, non stracci l'esistenza di esistere!

Un consiglio ai camerieri. Se vi capita, rispondete così: «Sai una cosa, immenso pirla? La prossima volta il caffè te lo faccio col cappello da Amelia la strega che ammalia e la scatola del Piccolo Chimico, idiota!».

Piatti biologici,
no grazie

Poi ci sono quelli che proprio non capisco. Questi qui, dico, che ci hanno la fissa delle cose naturali. Questi adoratori del genuino, questi sacerdoti del viver sano, questi rigidi caporali del fisico sull'attenti... ma su! Già siamo nati per soffrire, vogliamo aggiungere ancora fiammelle ai nostri roventi inferni personali?

Il fatto è che con loro non si transige. Lo zucchero va di canna, l'aceto di mele e le pagnotte devono essere integrali. Niente formaggi, solo tofu, quella specie di panetto di gommapane che sa di aria compressa. E poi l'eterno e imperituro sodalizio con la soia, finché morte non vi separi. Dopo una settimana di vita così sana sei pronto a traslocare nel deserto, vivere di radici e predicare ai grilli.

Io ho avuto soltanto una volta la precisa sensazione della fine imminente: il giorno che mi hanno fatto bere un bicchiere di latte appena munto. In meno di cinque minuti netti ho percepito dal mio interno movimenti pari a quelli della tettonica a zolle. Mi si era come riformata una toma intera all'altezza del colon, pronta a stagionare. C'era da aspettarselo visto che sono una fedelissima amante dei quattro salti. Non in balera. In padella. Ma vuoi mettere la commovente magia degli spinaci che filano, del purè che si gonfia da solo come un materassino da spiaggia o il lento sciabordio della zuppa di mare scongelata? Questi sono i veri miracoli della natura! Mica quelle meline rugosette e bacate che san di muffa o quelle zuppaglie tristi che ti allappano lingua e cuore...

Ma ciascuno è libero di vivere come crede, ci mancherebbe. Però mi preme una considerazione. Questi cultori del naturale *no limit*, a rigor di logica, dovrebbero essere dei marcantoni che levati, dei giovani vichinghi dalle guance rubizze e glutei imponenti. E invece no. Più spesso sono degli olocausti viventi, pallidi come farfalle cavolaie, incimurriti dal nervoso di cervelli ormai parzialmente scremati.

L'invasione della rughetta

Basta. Basta. Basta. *Por favor*. Pretendo una missione umanitaria con tanto di riconoscimento nazionale. Che qualcuno faccia sparire il seme della rughetta per sempre. Non importa come. Lo nasconda in fondo al mar Baltico, lo spari su un cratere di Marte, lo pianti tra i licheni della Groenlandia o tra le dune del deserto del Kalahari, l'importante è che questa erbetta invadente sparisca dalla circolazione.

La rughetta è un flagello. E come tutti i flagelli arriva. Indesiderata. Subdola. Con aria familiare nelle insalate, addormentata nei panini del bar, in incognito tra le spire dei fusilli, sfacciatamente sdraiata sulla pizza, ricciuta e petulante con la bresaola e mollemente indiscreta nel bagnetto della tagliata. *For ever and ever*.

Inizialmente pensavo a una moda passeggera. Come la redingote delle nostre mamme o i calzoni alla zuava dei nostri papà. Come l'hula-hoop, le puntate di *Dallas* o le stelline adesive da appiccicare sull'ombretto. E invece no. Da una ricerca storica condotta velocemente da me stessa risulta che l'anno della mia prima comunione la rughetta non esisteva. Per il mio vocabolario, regalatomi in quell'occasione, rughetta non è altro che un vezzeggiativo di ruga. Piccola grinza della pelle, fastidioso inestetismo. Roba da chirurgo plastico, mica da cuoco. Io però me la ricordo. C'era, nell'orto di mio nonno, la rughetta. Insieme al cerfoglio. Stava sacrificata in un angolo vicino alle ortensie. Si metteva nell'insalata, ma non troppa perché «dava il gusto». Era piccinina, verde scuro, tenera e profumatissima. A cercarla la trovavi anche al mercato, ma nelle bancarelle dei ricchi, tra le primizie. Oggi te la servono persino al bar. Con le foglie lunghe come quelle della sansevieria, la consistenza del Gore-Tex e il sapore di cantina. Non siamo mica conigli! Ci abbiamo per caso le orecchie lunghe pelose, il naso a picche rovesciato e la coda a pallina?

Nostalgia pitupitumpa

Esistono nella vita due tipi di nostalgie. Quelle invernali e quelle estive. Le prime sono le più appiccicose, tengono caldo come trapunte, si insinuano intorno alle feste di Natale portate dalla Tramontana o dalla pioggia che cade di stravento. Quelle estive invece sono più lievi. Impercettibili, ti solleticano il cuore e vivono nei profumi, nei suoni, nei sapori di passati più che mai presenti.

Per esempio a me d'estate basta un nulla di niente e mi viene la nostalgia di quando ero piccola. Non che sia mai cresciuta molto, per carità... il rimpianto di quelle merende fatte in cortile col pacchettino di grissini Pipino e Fino (che fine avranno fatto 'sti due? Dove saranno rubatà?) e il formaggino di Susanna, quella tutta panna pitupitumpa... I miei amichini compravano dal lattaio (io li rubavo a mio padre direttamente) i cicles di Paperone da un $, quelli lunghi a righe rosse e gialle oppure le sorpresine da cinquanta che vendeva il tabaccaio. Noi del cortile di via San Donato giocavamo a rialzo, strega tocca color e alle signore, con grande disappunto del custode Marchica che tuonava che lì i bambini non potevano stare per regola condominiale. E poi facevamo attenzione a non dire le parolacce! Gli insulti erano:

«Vaffanbrodo, meeercoledì, chi lo dice lo è mille volte più di te, ci hai creduto faccia di velluto, non mi rompere le cosiddette o ti do un calcio dove non batte il sole». Se penso a come parlo adesso mi viene la pelle d'oca!

Poi siamo cresciuti, siamo andati alle medie e abbiamo smesso di lavarci per un triennio circa. Ma ci avevamo i Belt Bottom, il foulard blu della Coca-Cola, il portapenne JPS col coniglietto e una collezione completa di adesivi elemosinati nei negozi. Avrei dato un rene per avere anche il barracuda con fodera scozzese o almeno il loden, quello originale però, con gli spacchi sotto le ascelle. Ma non potevo. Non ero una cissata e tanto meno una cremina (perché non le diciamo più queste parole?).

Purtroppo ho ceduto alle superiori allineandomi coi miei Lozza azzurrati e l'intramontabile borsa di Pool che tengo ancora in ripostiglio e annuso ogni tanto per placare la nostalgia. Appunto.

Riflessioni sull'ossobuco

Vuoi conoscere qual è il tuo approccio nei confronti della vita? Rifletti su come mangi l'ossobuco. (La mia mente è in declino, lo so.) Questo è un test infallibile. Meglio delle macchie di Hermann Rorschach.

Partiamo dal presupposto che tutto ruota attorno all'osso e naturalmente a quello che ci sta dentro. Che sarebbe poi il midollo, quella roba prelibata, molliccia e quasi sempre poca. Troppo poca. Quella pappettina saporita è in buona sostanza l'unico motivo per cui mangi l'ossobuco. Se non ti piace la pappettina sei scemo. Punto. Su questo, scusatemi, ma non riesco a sentire ragioni. Tollero tutto, dagli addii alla deriva dei continenti, ma sulla questione pappettina concedetemi di essere irremovibile. Ti schifa il «dentro» dell'osso bucato? Allora non prendere l'ossobuco. Gonfiati di spezzatini, fatti accarezzare il palato da una scaloppa, ingozzati di polpette, ma sta' alla larga da lui. E poi. Che fai? Succhi prima l'osso, con un ingordo istinto bestiale, lasciandoti colare sul mento il rivoletto d'olio fino a che l'anello del piacere non è lustro e satinato e poi con dovere finisci il resto della bistecchina filosa? Oppure il contrario. Ti costringi lentamente a ingollare boccone per boccone la carne coltivando però nel cuore l'idea di un piacere che non tarderà ad arrivare? Dimmi. Scegli l'ora e il subito, c'è quel che c'è... o aspetti, conservando gelosamente l'idea di un futuro di certo migliore? Eh. Chissà. Una cosa è sicura. Io fino a qualche anno fa razziavo l'osso subito come un rottweiler, ora son più Penelope. Aspetto. Che tristezza. E poi leggo pure le riviste sulla salute. Segno innegabile di decadenza. E mi accanisco con le tisane. Le ricette cominciano sempre così: «È molto semplice». (Certo. Per te. Che scrivi. A casa. Tracannando la Ceres che tieni di lato al computer.) Basta mettere in infusione per quarantotto ore un pizzico di mora delle Ande, bacche fresche di sambuco selvatico, sei gocce di olio essenziale di neroli e uno spruzzo di tracanà. Ecco. Peccato che a Torino si faccia fatica a trovare l'origano...

L'orologio che va a unghie

Natale arriva sempre prestissimo. Roba da non crederci. Va be' che non ci son più le mezze stagioni, ma qui pure i mesi durano sempre meno.

Io coltivo da anni un metodo infallibile per misurare il tempo. Niente clessidre o sofisticati orologi a energia di vattelapesca. Solo unghie e smalto. Seguitemi bene perché questa pratica, pur nella sua semplicità, a me ha dato grandi soddisfazioni. Ogni anno in data primo settembre, mi pitturo le unghie dei piedi. E lo faccio per l'ultima volta. Come a suggellare la fine delle vacanze estive. Poi, però, e qui sta il colpo di coda, questo benedetto smalto non lo tolgo più. Lo lascio lì, sui miei piedozzi, che si consumi con le docce e sparisca pian pianino. Tanto non sta male. Sulle mani lo smalto sbeccato non fa una bella figura, ma sui piedi, che mi stanno al buio dei calzini... Allo scadere del 15 ottobre di solito lo smalto è sparito quasi dappertutto e rimane solo sul ditone, che svetta tra gli altri come un Everest innevato (ah, dimenticavo, io metto lo smalto bianco, quello da sposa vergine). Quando poi compaiono sui balconi dei condomini i primi alberelli di Natale, il pollicione finalmente mi è tornato lindo. Con il suo bel quadrato di unghia rosa pallido naturale. Quest'anno è un disastro. Ci ho almeno tre millimetri ancora di smalto bianco, una perfetta mezzaluna madreperlata che mi incornicia il ditone, e già mi ritrovo la città illuminata come Ibiza di Ferragosto. I conti non mi tornano. E no che non mi tornano. Che sarà? Una mia preoccupante mancanza di calcio o una inconsueta enfasi anticipatoria delle feste? Sono destabilizzata. Anche le unghie dei piedi non mi danno più certezze. Belle le luci d'artista, però. Peccato per la Gran Madre. Inizialmente ho pensato che l'avessero rasa al suolo e costruito al suo posto un solarium. Poi ho capito che anche quella era arte. Andarci dentro a pregare è un po' come entrare in un cabinone per l'abbronzatura trifacciale. E poi mi chiedo. Per assistere alla messa di mezzanotte ci si dovrà portare la crema protettiva?

Dubbi amletici

Panettone o pandoro? Questo è il problema. Se sia più nobile all'animo sopportar l'uvetta e i canditi o prender l'armi contro 'sto mare di triboli e naufragar nel soffice zucchero a velo... Mangiare, dormire, nulla più.

E su questo ultimo concetto ci siamo, caro il mio Amleto. Rimane da risolvere il primo quesito. Pandoro o panettone? Che sarebbe come dire: Céline Dion o Pavarotti? Tatami o letto a baldacchino? Rosy Bindi o Madame Bovary? Mi sento un casino donna al bivio. Come si fa a decidere...

Una cosa è certa. Se si sceglie il panettone poi si mangia. Tutto. «Eh, ma a me non piace l'uvetta e i canditi mi nauseano.» Ecco. Allora mangia il pandoro. La vita quasi mai ci riserva delle alternative. Questo è un raro caso, quindi approfitta. Ti proibisco categoricamente di levare i canditi a uno a uno come fossero pulci del tuo cane. È disgustoso. E se lo fai di nascosto non occultare il corpo del reato tra le pieghe del tovagliolo o nel sottovaso della begonia, principe degli imbecilli... mangiati piuttosto una fetta di colomba ma falla finita.

Presepe o albero di Natale? Questo è un altro problema. Se sia più nobile all'animo impegolarsi con muffe, laghi a specchio e carte di cielo stellato o prender l'armi contro 'sto mare di triboli e affidarsi semplicemente alle palle. Meglio le palle. Che in questo unico caso danno sicurezza. Il presepe è fatto per i pignoli. Io ci ho provato per anni. E per anni ho esagerato con la muffa. Non so perché, ma non sono mai riuscita a dosarla con criterio. Più che presepi sembravano ruote di gorgonzola in piena fase di stagionatura. Persino le statuine si rifiutavano di stare in piedi. Comunque anche con gli alberelli di Natale non sono mai stata un'artista eccelsa. Un po' per la misteriosa epidemia che ogni anno mi riduce visibilmente il numero delle palle e un po' per la quantità imprecisata di corti circuiti che mi fulminano le lucette. Mi riduco ad allestire alberucci stitici e costantemente penduli come Torri di Pisa.

Conto alla rovescia

«Che fai tu per il Capodanno?»

Questa, nella classifica universale delle domande inutili, è in lotta da mesi per le prime posizioni. Io rispondo che francamente me ne infischio, come ha fatto Celentano, e prima ancora quel gran tronco di pino di Rhett Butler, squartatore mai domo delle budella di Rossella O'Hara. Non amando le celebrazioni e coltivando da sempre una discreta repulsione nei confronti di festoni, cappellini e lingue di Menelicche, sogno una fine d'anno quasi monacale. Casa, qualche amico col cuore al posto giusto, lenticchie e abbracci sinceri. Stop. Troppo poco per magnificare un nuovo millennio? Pazienza. Mi bastano gli indizi di felicità.

«Che ti vorresti portare nel nuovo anno?»

Perché, caro il mio giornalista tuonato, non mi chiedi dove ti vorrei mandare, che un'idea già ce l'avrei? Mi porto quello che ho, a parte forse il sacco dell'immondizia giusto perché tenerla in casa per tutto il nuovo anno mi pare un po' impegnativo.

«E dei sette peccati capitali, quali porteresti con te?»

Continuiamo con la ridda dei quesiti imbecilli? Basta dirlo. Ok. Questa volta ti rispondo, giusto per non sembrare troppo tignosa. Se si tratta di vizi c'è poco da scialare… comunque. Parto dall'accidia, che sarebbe poi la pigrizia, l'indolenza, la non voglia di fare. Quel vizio lì, anche se mi corrisponde pochino, lo lascerei marcire tranquillamente nelle vecchie rughe del vecchio anno, colpevole com'è di lasciar fuggire le buone occasioni. L'avarizia, la taccagneria, la spilorceria. Beh, se si tratta di un vizio monetario, la perdono… Mi sta sul gozzo l'egoismo, invece, la regolazione del termostato vitale solo su se stessi, l'inesauribile tensione soltanto verso il proprio bene. Come sentir cantare Jovanotti: «È per me ogni cosa che c'è ninna na ninna e…». E ancora. La gola. Il piacere vizioso della panna montata, l'orgia peccaminosa della cervella fritta, dei brodi dorati e dei bolliti morbidi come cuscini di piume. Quel vizio lì me lo porto dietro eccome e dirò di più. Mi faccio insegnare dal mitico Panza (all'anagrafe Bruno Gambarotta) il modo migliore per coltivarlo dandogli il lustro che si merita. E veniamo all'invidia. Il serpentello del «perché lui sì e io no». Roba di prati e di erbe verdi e di vicini che non si meritano un tubo. Ma sì, portiamoci anche quella… concediamoci ancora per un millennio di desiderare di essere diversi, con il naso all'insù, magari come quella burina del piano di sopra o con quella coupé, mannaggia, che nemmeno quest'anno riusciremo a comprarci mai.

Il vizio dell'ira, se non rasenta lo *Sturm und Drang*, mi sa che un giro nel nuovo millennio glielo faccio fare pure a lui. Ma sì… il bel tabaccone di nervoso, farcito di parolacce, perché no?, quello che ti esce dalla gola come le fiammate di Grisù… così politicamente scorretto ma così liberatorio, preserva dalle gastriti e dalle emicranie, allontana i rompiscatole e dà quel senso di libertà da uomo delle savane.

Niente superbia, però. Se sai tutto tu, buon per te, rimani pure a fare la ruota nel Novecento, caro il mio pavoncello. E ti prego in ginocchio, lasciami perdere. Sono inetta, incapace, inesperta e se sai altri «in» (e so che li sai) aggiungiceli pure tu.

E alla fine la lussuria. Ne possiamo fare a meno? Certo che no. Così destabilizzante, ma così necessaria. Appiccicaticcia come miele, vizio bollente, diluvio di sensazioni che travolgono come il crollo di una diga. Detto tutto. Soddisfatto? Speriamo, distintissimo giornalista senza futuro. E adesso basta però. Cin cin… sbatacchiamo pure i nostri bicchieri di pura plastica e naturalmente: «*Hasta la victoria siempre!*».

Anno nuovo,
vita identica

Anno nuovo. Vita? Tendenzialmente identica. Con qualche certezza in più. Tipo Cindy Crawford che nella pubblicità di un aspirapolvere ci fa sapere che detesta gli acari. Fantastico. Doveva venire lei col suo neo dall'America a dircelo. Pensare che noi invece andiamo pazze per gli acari. Li alleviamo con orgoglio negli orli dei tappeti. Con gioia lasciamo che si riproducano negli anfratti del camino. Vai, Cindy... torna pure nell'Illinois e, se puoi, portati anche quella bietola di Richard Gere con le sue praline.

Che stanchezza. Non so più cosa sia la tolleranza. Sarà stata la magia del Natale. Eh, sì. D'altra parte sono una donna... E cosa fa una donna durante le feste? Si sfrange l'anima e il corpo. Con una mano ritira la tredicesima e con l'altra paga le bollette, compra i regali ai figli, fa il presepe, addobba l'albero, salda la rata del riscaldamento, sistema le camere per i parenti, fa la spesa, prepara gli agnolotti, compra la stella di Natale per la suocera, corre dalla parrucchiera, fa il pieno alla macchina, appende il vischio alla porta, cura l'acetone del figlio piccolo che si ammala sempre durante le feste, spedisce gli auguri di Natale ai colleghi del marito, mette a mollo le lenticchie, compra i petardi per il Capodanno e, per non perdere tempo, con una scopa legata al sedere, spazza il parquet.

E l'uomo? 'Sto balengo? Si mette il costume rosso e la barba bianca e fa Babbo Natale. Stop. 'Sto grandissimo minchione. Poi gioca tutto il tempo coi figli e dice: «La mamma di giocare non ne ha più voglia perché non è rimasta bambina come me!».

Tu non sei rimasto bambino, amore mio invertebrato, sei rimasto cretino... capisci? Son quelle tre o quattro letterine che però fanno la differenza. Per te, tesoro mio, il massimo della trasgressione è dormire senza mutande... lo sai, fragolina mia di bosco, che sei un uomo di seconda scelta? Sei come il prosciutto di spalla coi polifosfati. A mangiarlo non è che muori, ma a lungo andare ti danneggi la salute. Ah, dimenticavo. Le vedi quelle corna scintillanti rimaste sotto l'albero? Sono per te.

Parla come mangi

Cari paperini, qui ci tocca risolvere alcune deboli questioni per approdare vigorosi sulle rive del nuovo millennio. Mettiamoci d'accordo. Vale ancora la pena usare la dicitura «Telefonare ore pasti»? Domandiamocelo in tutta sincerità. Esiste ancora sulla faccia della terra un essere umano che pranza o cena alle ore giuste? Forse i poppanti. Anch'io dico: «Ci sentiamo all'ora di pranzo...» poi mangio alle tre. Ci sono giorni che digiuno, hai voglia a telefonare... È spiazzante. Equivoco. Meglio dire: «Telefonate verso le cinque». Oppure: «Provate in giornata, se ci sono vi rispondo».

Altra questione che mi sta molto a cuore. È possibile che nel Duemila esistano ancora degli oggetti senza nome? Quelli chiamati «il coso per...» «quel robo che serve...» insomma, i figli della serva, i reietti del magico mondo dell'usabile? Ve lo dico io: no. Non si può. Abbiamo battezzato ogni minuscola parte di televisore, ogni piccolo frammento di computer e ancora non sappiamo come si chiama il coso per fare le palle di gelato? Quella specie di pinza con le due conchette? Vergogna. Chiamiamolo Fapalle. Non sarà un nome tanto raffinato, ma almeno è qualcosa. E le vaschette per fare i cubetti di ghiaccio? Chi lo sa? Decidiamolo qui. Faghiacci. E la spazzoletta per lavare i vetri? Lavino. Ci vuole così poco. E da ultimo. La gomma da masticare. Qui bisogna affrontare il problema opposto. Il sovraccarico di nomi. Come quelli che sulla carta d'identità si chiamano Maria ma di secondo, terzo e quarto nome Amalia, Casimira e Prassede. Un inferno. A Torino per dire chewingum diciamo cicles, a Milano cingomma, a Genova ciundi, a Roma cicca (da non confondersi con la sigaretta). Una volta ho chiesto a un cameraman di Napoli se per caso aveva un cicles. È ancora lì che ride.

Ultimissimo pensiero. Non ho mai visto un negozio di abiti da sposa che faccia i saldi. Chissà perché? Io se trovassi un vestito da sposa che mi piace e che costa poco lo comprerei. Al limite lo rivendo. Se non trovo l'amore, almeno faccio il business.

La Quaresima del Carnevale

Temo il Carnevale più dell'influenza intestinale. Patisco l'incosciente cirrosi di Gianduia e la couperose di Giacometta. Niente mi disturba di più della follia programmata. Faccio parte della categoria degli esseri umani che non gioiscono a comando. Migliaia di piccoli ebeti che stanno alle feste «... come d'autunno sugli alberi le foglie...». Che il giorno del proprio compleanno si fingono morenti per non essere festeggiati. Che ricordano come Capodanni migliori quelli passati a lavorare e che al Martedì grasso preferiscono una seduta di agopuntura. Ma come? Proprio tu che sei una comica! Lo so. Ma non è presunzione, credetemi... direi piuttosto una tara ereditaria che sovente ti porti dietro dall'infanzia.

Io, per esempio, per anni a Carnevale, sono stata vestita da spagnola. Un'azione che oserei definire criminale. Come vestire un nano da cestista o un ciccione da uomo invisibile! Ma mia madre non ha mai fatto un plissé. Ogni anno, puntuale come un orologio svizzero, riproponeva immutato il macabro rito. Mi avvolgeva dentro un tunicone rosso fuoco crivellato di pizzi, mi stampava sul cranio un parruccone tinta corvo con crocchia annessa e poi mi tatuava sul muso un neo grosso come un livido. E si andava alle giostre di piazza

Vittorio. Obbligatorio. Col cappotto addosso, naturalmente, da sfigata doc.

E via coi dolci. Da allora ho maturato questa convinzione: quelli di Carnevale hanno un'unica qualità, fanno tutti indistintamente venire la nausea. Siano lordi di olio limaccioso o ripieni di marmellate letali, seminano vittime più delle armi chimiche. Che fare allora?

Non rimane che evitare il peggio schivando petardi, fialette puzzolenti, inchiostro simpatico e polverine grattarole con la certezza nel cuore che presto arriverà la Quaresima e con essa tornerà la pace.

L'uomo giusto
sa svitare i tappi

A che cosa dovrebbe servirci il progresso? Facile. A migliorare la qualità della nostra vita. E infatti così succede nella maggior parte dei casi. Ma rimangono fuori dal computo una serie di simpatiche eccezioni che mandano in crisi gli animi più pazienti. Le bottiglie di plastica, per esempio, con il loro fantastico e comodissimo tappo svitabile. Irritanti. D'altronde lo dice la parola stessa: svita+bile. Solo se fai palestra da almeno un paio d'anni e tre volte la settimana puoi cimentarti nell'impresa. Io che ho muscoli tonici come gelatine di frutta ho già provato con tutto. Cesoie, coltello da pane, batticarne, incisivi. Giuro. Se mi sposerò sarà soltanto per avere al fianco un uomo che mi apra le bottiglie d'acqua. E i rubinetti con la fotocellula? Quelli che trovi negli alberghi o nella toilette degli autogrill? Estenuanti. Ma erano davvero così scomodi i pomelli rossi e blu o non è più faticoso il balletto del bipede ottuso che non sa dove mettere le mani? Sotto, di lato, più in alto, più in basso. Sembra di mimare il Giocagiuè di Cecchetto. Fortuna che c'è il superphon, quello che per asciugarti le mani ci mette in media un quarto d'ora pieno contro i cinque secondi della salvietta di carta. E passi anche questo.

Ma veniamo alla babilonia dei telecomandi. Una famiglia media italiana ha due figli, un gatto o un pesce rosso e almeno quattro telecomandi. Introvabili sempre al momento del bisogno. E soprattutto complicatissimi da usare. Per alzare il volume del televisore dei miei bisogna schiacciare nell'ordine Menù, poi selezionare l'opzione Volume, poi premere Più e alla fine Ok. Lo trovo molto pratico. Neanche dovessero proiettare loro stessi il film. Io ho un amico che, siccome possiede otto telecomandi, li tiene tutti in una cesta come una cucciolata di micini. Il fatto strano è che mentre i telefonini, col passare del tempo, si fanno sempre più piccoli, i telecomandi al contrario lievitano in maniera impressionante. Ce ne sono di grossi e spessi come torroni d'Alba e di lunghissimi e sottili come anguille congelate. Quello del mio videoregistratore, per dire, è lungo più o meno come il sofà.

Leggere attentamente le avvertenze.
Per dimenticare il nome

Siamo alla follia *no limit*. Sfumata miseramente la speranza che prima o poi un po' di giudizio avrebbe fatto capolino almeno tra le mie fauci, a trentasei anni suonati mi è cresciuto un molare. Uno di quei denti che di solito spuntano negli anni delle medie. Non posso dire, almeno in questo, di essere una donna che precorre i tempi. Il mitico Johnny ci cantava che se c'è un amico in più basta aggiungere un posto a tavola e spostare un po' la seggiola... ma i miei denti di lui e delle sue melense tiritere non ne vogliono sapere. E allora che fare per arginare la crescita della zanna neonata? È chiaro! Imbottirsi di antibiotici, antinevralgici e chi più ne ha più ne metta. Bene. Io vorrei conoscere personalmente i signori che di mestiere inventano i nomi delle medicine. Quelli che prendono lo stipendio per battezzare le supposte. Ma io dico: già stai male e sei depresso, perché rincarare ancora la dose? Si comincia dalla scatola che di solito è viola, un colore tutt'altro che tranquillizzante. Direi lievemente funereo. Un pelino lugubre. E poi il nome. Il mio antibiotico si chiama Ritro, e non dà certo l'idea di un qualcosa che ti fa andare verso la guarigione. Ma ci sono anche medicinali con nomi peggiori. C'è la categoria di quelli sospesi: Iodosan, Zerinol, Lasonil,

Colbiocin, Simpatol. Ma vi prego. Cosa sono? Tempi di danza? Valzer viennesi? Oppure quelli che nascondono cripticamente nel nome il perché della loro esistenza. Faccio un esempio. Il farmaco che cura la carenza di ormone maschile si chiama Sustanon. Leggetelo al contrario e l'enigma è presto risolto. Ma il massimo, l'apice supremo della follia umana sta racchiuso nel nome di un farmaco per urinare che si chiama (giuro, esiste) Ben Ur. Ma vi rendete conto? Perché allora non chiamare quello contro la diarrea Quo Vadis?

Basta. Vado a prepararmi il pranzo. Apro il frigo e manco a farlo apposta mi fanno capolino dall'ultimo ripiano i capperi Lacrimella e il tonno Pinocchio. Siamo veramente tutti pazzi.

E colpa del DNA

Probabilmente è una questione genetica. Si nasce così. Ciascuno col DNA che si merita e una manciatina di byte di memoria. Poi si cresce e si cambia. Per non morire. O per amore, che è un filino meglio. Ma la taratura naturale rimane. E bisogna farci pace.

Io, per esempio, manco della dote organizzativa. Mi disperdo come le polveri inquinanti nel cielo di Torino. Per dire... nel lasso di tempo in cui mi sveglio, preparo il caffè ed eventualmente mi lavo la faccia, ma non è detto, la mia amica Stefania svolge le attività che io farei in un mese. Toglie le tende, le lava e le rimette, prepara i biscotti decorati a mano, ripara la cassapanca, partecipa alle riunioni della scuola, cuce ghirlande di bottoni, travasa gerani, legge un paio di quotidiani, porta il gatto dal veterinario, fa la spesa e cucina già per la cena a sorpresa che ha organizzato per la sera. Pazzesco. Se mi va bene nel frattempo io non ho ancora deciso cosa mettermi per uscire.

In più ho la sensazione di avere già occupato tutte le mie caselle di memoria. Nel mio cervello non ci sta più uno spillo. L'altra mattina mi sono svegliata cantando «E la bandiera del tricolore è sempre stata la più bella, noi vogliamo sempre quella, noi vogliam la libertà...».

Orripilante. E non solo. Aggiungo per dovere di cronaca che mi ricordo ancora a memoria l'ordine alfabetico completo della mia classe delle superiori e tutta l'*Avvelenata* di Guccini.

Sinceramente ne farei a meno. Sarebbe bello riformattarsi. Cancellare tutti i file inutili che albergano nelle nostre meningi e sostituirli con qualcosa di più aggiornato. Certo è che il quotidiano non ti dà una mano. Ti richiede sforzi inutili e per di più costanti. Il merluzzo, lo stoccafisso e il baccalà sono la stessa cosa. Bene. Sono anni che cerco di memorizzare questo concetto. Niente. Non mi riesce. Tale e quale con l'acquavite e la grappa. E il rimmel e il mascara. Lo chiedo in ginocchio. Per pietà mia e di tutte le memorie deboli. Evitiamo l'eccedenza. O facciamola almeno diventare arte.

Fermate Megan Gale

Adesso qualcuno mi spieghi perché per fare pubblicità a uno yogurt ci dovevano mettere una tipa con le tette al vento. Una maja desnuda che vagola per la casa informandoci di aver ritrovato la sua normale regolarità intestinale (problema che stava a cuore a tutta Italia) grazie alle virtù anticolitiche del Bifidus attivo. Ma copriti, deficiente! Non lo sai che finché viaggi con la pancia scoperta la caghetta non ti passa? Su. Infilati la canottiera. Non senti che c'è la *filura ca fa sepultura*? Poi ti ci vuole una cisterna di Bifidus per staccarti dal water. E quella della pasta? che si fa servire tre etti di fusilli fumanti sull'ultima vertebra lombare? Beh, già che ci sei fatti cucinare anche il risotto in un'ascella. Complimenti anche a San Patrignano entrato trionfalmente in pubblicità anche lui alla ricerca di nuovi clienti. Brrr. Io intanto chiedo pubblicamente che qualcuno mi informi sulla rotta delle tre befane col telefonino. Sono disposta a pagare. Vorrei che si sfondassero la vela in qualche ansa delle Galapagos. Voglio vederle aggrappate come patelle a uno scoglio mentre mandano un sms d'aiuto a Capitan Findus. Nel frattempo Marina ha detto no al colesterolo. Invece noi gli diciamo benvenuto. Che ci intasi le arterie fino a farcele esplodere. E se improvvisamente ci viene voglia di ballare tango? Ce l'abbiamo il tanga? Misericordia no. Solo un paio di mutande di cemento armato purtroppo. Che quacuno fermi Megan Gaile che son settimane che si arrampica su un fungo dell'acquedotto come un macaco su una pianta di banano e soprattutto pieghi quella stronza di una micro tata che son anni che cucina il sugo col dado facendo credere a quei tre deficienti single di essere l'Artusi. Un pneumologo per favore poi per quello che ci ha la broncopleurite e sta sull'aereo a tossire come un cane rognoso e un urologo per Enrico che continua a perdere la goccia. E qualche ripetizione per la signorina Boccasana che deve rinnovare il foglio rosa prima che il cervello le si sia completamente nebulizzato. Io intanto lo so cosa mi manca. Un lucano. Di Matera, magari. Basso e tornito. Voglio sbronzarmi insieme a lui di amaro in una notte di luna, nella piana di Metaponto.

Io e *Rocco* Siffredi

Cari miei, ci son momenti della vita che lasciano un segno. Altri ancora una cicatrice. Per me è andata proprio così. Avete presente quella trasmissione di RaiTre che si chiama *Milano-Roma*? Quella dove due tipi fanno il viaggio insieme parlottando per ore del più e del meno? Bene. Anch'io l'ho girata. E sapete con chi? Chi potevano affiancare a una duchessa qual io sono? Rocco Siffredi, che domande…! Il più famoso attore porno italiano. Un totem erotico locale. Certo. Con me. Che non ho nulla che ricordi anche solo vagamente Ramba Malù.

Rocco Siffredi pare sia un fenomeno della natura. Non si offendano i maschietti, ma si parla di misure ai confini della realtà. Roba che potevamo girare i remake di *Rocco e suo fratello* o al limite di *Uccellacci uccellini*. Ventisette centimetri è tanto. È come una mensola del tinello, di quelle che ci appoggi sopra le piante grasse. Un promontorio della paura. *Cape Fear.* Con lui al fianco mi sentivo serena come l'ultima moglie di Barbablù. Dicono che in situazioni imbarazzanti bisogna sforzarsi di essere se stessi. Ma se non so neanche io chi sono…

Gli chiedo: «Ma come fai quando devi rigirare la scena? Lo riponi nell'apposita vaschetta salvafreschezza?».

Fa finta di non sentirmi. Lo incalzo. «Quindi sei un libero professionista... non smetti mai... ti porti anche il lavoro a casa...» Silenzio.

«Usi il Viagra? La pillola che fa diventare dure anche le lumache? Mi han detto che i panettieri non la prendono perché fa diventare duro anche il pane...» Non ride.

Povero Rocky horror... mi gira cento porno all'anno, sarà stanco come una bestia. Magari guido un po' io. Un paio di centimetri mi separano dal suo grande cocomero. O come lo vogliamo chiamare? Cannone di Navarone? Stelo di giada? Nibelungo? Stecco ducale? *Sturm und Drang*? Sacro Aspromonte? Gli dico: «Lo conosci quel film porno con Gilbert Bécaud e Gilbert Belcul: *Chi ha spompè la Pompadour?*». Dorme. Io faccio quell'effetto lì agli uomini.

Donne da *caserma*

Notizia del secolo: con l'arrivo delle donne soldato nelle caserme è entrato il bidè. Colpone di scena. Fino a oggi non c'era mai stato.

Deduco a questo punto che per i capi del nostro esercito il bidè sia una prerogativa squisitamente femminile. Un vezzo delle donne. Gli uomini, si sa, fanno la doccia. Perché le donne no? Gli uomini, si sa, possono lavarsi anche nel lavandino. Certo. Ma proprio tutto tutto tutto? Comandante, io dubito. A meno che non siano contorsionisti di professione. Allora eliminiamo anche gli spazzolini. Che i carabinieri si puliscano i denti con la baionetta e capiscano cos'è la vita. In Francia, paese ricordato non certo per l'igiene e la pulizia, il bidè non esiste. Sarà una nazione tutta di soldati?

Io non capisco. Siamo arrivati quasi all'odissea nello spazio e ancora sopravvivono consuetudini obsolete e imbecilli. Perché gli uomini e le donne si abbottonano in maniera diversa? Mai capito. Se sei maschio ti chiudi la giacca da sinistra a destra. Se sei femmina da destra a sinistra. Nella cerniera lampo sta la parità dei sessi. Pensa te. E la bicicletta? Allora. La bici da uomo ci ha il tubo, quella da donna no. Questa usanza forse qualche giustificazione ce l'ha. Tempo fa le donne portavano solo la gonna e quindi la tubatura sul davanti poteva essere d'impiccio. Motivo che comunque non risolve il dilemma. Perché mai la bicicletta degli uomini doveva averci 'sto robo sul davanti? Mah. Mi convinco sempre di più che il motivo del tubo non può che essere un motivo del tubo.

E poi c'è la questione del barbiere. In che cosa si distinguono barbieri e parrucchiere? Ve lo dico io. Nel modo in cui lavano i capelli. I barbieri fanno calare il capino pesante del maschio in avanti, mentre la testolina vuota delle femmine viene fatta scivolare all'indietro. A questo punto troviamo un modo consono di detergere la chioma anche ai gay. Facciamoli lavare di lato, sempre che non abbiano problemi di cervicale.

Il *piacere* è tutto *tuo*

Tutte le volte la stessa solfa. Arriva gente nuova, scatta il rito delle presentazioni: «Ciao sono Mario», «Io Gisella», «Salve, son Renato, questa è Laura», «Piacere, piacere...».

Piacere un corno. Tempo zero e mi si disattivano i circuiti cerebrali e non mi ricordo più un nome a morire. Completamente intronata. Ma niente. Vuoto assoluto. Deve essere una questione di attenzione. Si vede che ormai le nostre menti per attivarsi hanno bisogno di stimoli un po' più violenti. Io avrei una proposta. Anticipare le presentazioni con notizie personali curiose, in modo da attirare subito l'attenzione e poi, con calma, aggiungere il proprio nome. Per dire: «Ciao, non sono più vergine da almeno quindici anni, sono Gisella». Oppure: «Salve, il mio conto in banca ammonta più o meno al mezzo miliardo, esclusi BOT e CCT. Ah, dimenticavo... sono Renato». O ancora: «Senti anche tu questa puzza orribile? Sono stato io. Piacere, Mario». Si farebbe molto prima.

Più complessi sono invece i ritorni di fiamma. Gli incontri improvvisi con persone che ti trattano come il loro gemello siamese separato nottetempo e tu non ricordi assolutamente chi siano. «Ma ciaooo... che gioia

incontrarti, finalmente… peccato che non ci sia Francesca, diventerebbe matta!» E intanto il tuo respiro rallenta e percepisci il cervello sigillato con su la scritta
«Chiuso per ferie».

Ma chi sei? Chi ti conosce? E chi cavolo è Francesca?
Soluzione. State calmi e superate la momentanea carenza mentale con un classico: «Bene. E voi? Tutti bene?».
Mi raccomando il voi. A meno che non si tratti di un
eremita che vive di radici, chiunque possiede un amico,
un compagno, anche solo una cocorita del Madagascar
con cui dividere l'esistenza. Altrimenti usate questo piccolo stratagemma: «Ce l'hai ancora quella buffa foto
sulla carta d'identità? Me la fai rivedere?». E lì, veloci
come furetti, sbirciate nome e cognome e il gioco è fatto.
Ma chi sono gli acrobati del Circo di Mosca in confronto
a noi!

Le liti della Litti

Tempo di litigi. Giornate di battibecchi. C'è baruffa nell'aria. Sarà l'umidità, sarà la dichiarazione dei redditi, sarà la benzina che costa più del Barbaresco... va' a sapere. Tant'è che tutti se la prendono con tutti. Si litiga col partner che la deve smettere di pensare solo per sé, con l'inquilino del piano di sopra che la deve smettere di sbattere la tovaglia sul nostro bucato steso, col capoufficio che la deve smettere di comandare, chi si crede, Napoleone?, e con la madre che la deve smettere, non importa cosa. La madre la deve sempre smettere. E ce n'è anche per l'amica che pensavamo del cuore e invece è del culo. Ops, scusate. Mi è un attimo scappata la mano.

Siamo figli delle stelle... chissà. Magari anche loro si stanno allegramente scazzottando in cielo in una rissa galattica. Io per la prima volta in vita mia ho messo piede da un avvocato. Ho scelto una donna, per sentirmi più a mio agio. Una fata dei fiordi con il polso di un vichingo. Per ricordare il mio cognome ha memorizzato le prime due sillabe. Litti. «Da liti, facile» mi ha detto. Deformazione professionale. Io non ci avevo mai pensato. Però una cosa l'ho capita. So cosa vogliono nella vita gli esseri umani: avere sempre ragione. Assimilato questo dogma, tutto diventa più semplice. Volete conquistare i favori di chicchessia? Dategli ragione. Assistete alle sue omelie appoggiando ogni tanto un «sì», «ma certo», «ovvio». E poi fate come volete voi. Vedrete i risultati. Il problema sta nel reggere la pantomima. Io non mi do ragione neanche da sola, figuriamoci darla agli altri. E poi non aspettatevi mai niente. Rispetto, attenzione, riconoscenza. Diamola agli altri senza pretendere restituzioni. E per levarci il magone premiamoci da soli. Come? Facendo quel che ci piace di più o infilandoci in un negozio e comprando. Non importa cosa. Una gonna a godet, un libro di ricette con la ricotta, una mousse arancione per tingerci i ricci. Fa lo stesso. È per asciugarci le lacrime e dimenticare.

La vocazione del vigile urbano

Ci vuol talento. Predisposizione naturale. Attitudine caratteriale. Queste le tre caratteristiche indispensabili perché un essere umano qualsiasi decida a un certo punto della sua tranquilla vita di trasformarsi in vigile urbano. Ma ne manca una e sostanziale: la vocazione alla punizione. Il ghisa da traffico è un *deus ex machina*, appunto, che infligge castighi facendo della punizione la principale pratica della sua giornata. Guarda che bisogna avere una psiche di ferro!

Quando facevo la profia e mi capitava di dare una nota, dopo mi sentivo una cacca. Io che per natura penso sempre di essere nel torto, che mi assumo personalmente anche la colpa dell'effetto serra, non ce la farei. E poi sbagliano gli arbitri, sbaglieranno anche i vigili. Non ci sono nemmeno guardalinee da marciapiede e moviole che ci dicano dove stia la verità. Neanche uno straccio di Biscardi che accenda almeno il dibattito. Praticamente inutile fare ricorso. Fa prima la Sacra Rota ad annullare un matrimonio che il gran giurì dei vigili a levarti la multa. E poi c'è il conflitto. I ghisa sguazzano nei conflitti. Trovatemi una creatura che non si incazzi col vigile quando piglia una multa. Ci si controlla giusto per evitare la galera. Se fai il geometra, l'arrotino, il barista, il vescovo, non ti capita tutti i giorni di trovare quella bella atmosfera opprimente e feroce che accompagna i litigi o ancora meglio un demone in Panda che ti sputa bile addosso maledicendo te e i tuoi defunti, ma se fai il vigile urbano è un po' il tuo karma. E allora perché? Forse sopravvive ancora il vecchio fascino della divisa che poi per i vigili non è neanche così comoda, con quel secchiello da champagne calato sul capino. La vigilessa che mi ha portato la scheda elettorale mi ha parlato della sindrome da divisa. I sintomi? Il sentirsi in servizio sempre e la sofferenza nel non riuscire a chiudere gli occhi davanti a un divieto violato neanche se si è in ferie. Pensa che orrore.

Sai cosa? Vorrei che provasse l'ebbrezza di impennare sul marciapiede con un garellino smarmittato. Finalmente libera e finalmente sorridente. Con addosso magari un bel paio di jeans rosa confetto.

Io, la figlia del lattaio

Io ogni tanto perdo il lume della ragione e spesso per motivi assolutamente discutibili. Questo, per esempio, è un periodo in cui nutro un odio insano per i commercianti. Proprio io. Figlia legittima di un lattaio e di una lattaia. Detesto quei negozianti che, appena entri nella loro bottega, da come sei vestito pensano di giudicare quanto denaro tu abbia nel portafogli. Quelli che se chiedi il prezzo di un oggetto prima scrutano il tuo look e poi rispondono viscidi: «Molto caro». Questo non succedeva nel mio negozio, ma a ben pensare non c'è creatura al mondo che non possa permettersi una fetta di toma...

Tempo fa mi è capitato di vedere esposta in una vetrina del centro una lampada di design con degli enormi cuori rossi luminosi. Sono entrata nel negozio per chiedere il prezzo e il proprietario, fissando le mie scarpe da ginnastica e i miei jeans sbiaditi, ha risposto: «Molto cara». E io: «Ma cara quanto?». «Cara.» Con tono di minaccia ho urlato ancora: «Cara quanto?». «750.000.» E io: «La prendo». Mica la volevo! L'ho comprata per vendetta. L'ho messa in studio e adesso ho la sensazione di lavorare in un boudoir.

Ma c'è un'altra categoria di commercianti da cui stare

194

alla larga: quelli gelosi delle loro cose. Così perversamente affezionati ai loro prodotti che fanno di tutto per non vendérteli. Non te li lasciano nemmeno toccare. Ti dissuadono. «Io, fossi in lei, non lo comprerei.» Dei veri malati di mente.

E vogliamo parlare delle commesse? Le commesse di Torino sono troppo fighe! Partiamo dal presupposto che tu donna, di solito, vai a fare spese quando sei devastata dalle paturnie, le olive ti colano dai capelli e la tua faccia ha la consistenza della cartapecora. Entri nel negozio e ti si parano dinanzi delle manze da sballo, vestite da dive e truccate col goniometro. Non vale. Io mi vestirei così soltanto per andare a ritirare il Telegatto.

Parenti invadenti

Dunque. Devono arrivare degli ospiti. Importanti, molto importanti. Sono vecchi parenti alla lontana della mamma, dei quali ricordi a malapena il nome, ma dei quali sai che hanno avuto da ridire sulla tua vita da quando sei nata. E tra tutti i pronipoti sparsi per il globo hanno scelto te.

Inutile dire la felicità sconfinata per essere stata la preferita. Meno di una settimana ti separa dal D-day: il tempo è poco e casa tua, lo sai, non è esattamente Palazzo Pitti. E mentre Mamy si incorona (da sola) reginetta dello spolvero, la tua ansia cresce a livello esponenziale. I pavimenti devono essere lustri come piste del Palarotelliere, i tappeti sgombri da qualsivoglia pelo e le povere camole del bureau vanno sterminate una a una, costi quel che costi. «Non voglio fare delle brutte figure, muoviti, che mi hai già dato tanti dispiaceri!...»

Scossa dai rimorsi per essere stata una figlia degenere lucido persino la mascherina della tapparella e acquisto un bonsai preparandomi la storia che martoriare pianticelle innocenti sia il mio hobby preferito.

Ma scatta l'ora x. Arrivano i mostri. Entrano e noi li accogliamo dicendo: «Scusate il disordine...». False. Ma se potremmo essere donatrici sane di acido lattico tanta è stata la fatica di questi giorni! Perché? Perché fingere di essere delle *wonderwomen*? Tanto poi succede. Eccole. Le mutande usate fanno capolino dal paravento della camera da letto. Mamy mi fulmina con l'occhio da replicante di *Blade Runner* e io vorrei solo piangere sconfinatamente come Pietro quando il gallo cantò tre volte.

La coppia di parenti guarda, si informa, giudica. Lui ci ha il passo pinnato, lei sfoggia un rossetto rosa da prima comunione. Lui ci ha il muso espressivo come un tubero e lei sa di dopobarba. Io, disattivati i circuiti cerebrali, sorrido. Mamy continua la sua omelia. Finalmente se ne vanno. Mi sento sbiadita. Mamy soddisfatta mi fa: «Allora? È stato così difficile?». Non rispondo. Dal magone mi sono ingoiata la lingua.

Stessa spiaggia

«Un'estate al mare-e-e, fare il bagno al largo-o-o, e vedere da lontano gli ombrelloni-oni-oni...» Magica Giuny Russo, geniessa della rima imbecille, inarrivabile cantora del trash balneare...

Ho fatto anch'io il mio bel week-endino scontato al mare. Dove? Essendo incommensurabilmente pirla, ho scelto l'unico posto di mare dove non c'è la spiaggia. Morire se ho trovato un granello di sabbia... solo una distesa di scogli gotici e puntuti come le guglie del Duomo di Milano. Ho preso il sole abbarbicata come una patella, arpionandomi con gli alluci allo spunzone di pietra meno muffeggiante. Vicino a me un marito e una moglie in evidente disarmonia coniugale si lanciavano bordate malefiche. Lei: «Oh no! Ma guarda! Son tutta rossa e scottatissima! Vedrai che mi spello. Che barba... e dire che ho persino comprato la crema protettiva fattore 32... e l'ho pagata anche settantamila lire... !».

Lui: «Settantamila? Allora sei cretina... Hai speso settantamila per una crema solare? Ma non potevi metterti all'ombra?». E avanti.

Comunque mi sono fatta una cultura in tema di culi. Se è vero che i migliori sono quelli a mandolino dobbiamo combattere per annoverarli al più presto tra le specie protette perché son rari come gli orsi bianchi! Però si possono ammirare sederi con le fogge di tutti gli strumenti musicali. Piatti a pelle di tamburo, lievitati e gonfi come contrabbassi, bassi e lunghi come flauti traversi... qualcuno con la coulisse come un trombone o accessoriato di maniglie come una ghironda. Tutto si mostra e niente si nasconde. Un po' per celia e un po' per non morire? Chissà. Comunque la sera, sulla passeggiata o nel budello, lo spettacolo è imperdibile. Orecchini grandi come hula-hoop, profusione di leopardo e camicie hawaiane larghe come vele di catamarani... ragazzi, siamo a Celle Ligure, mica a Bali! E le scarpe? O d'oro o d'argento. Non si transige. Mi è sembrato persino di vedere un paio di paperine di bronzo ma dev'essere stata la stanchezza...

Al centro del benessere

«Un'estate al mare-e-e» parte seconda. Come tutte le soubrette che si rispettino non potevo farmi mancare un week-end a Saint-Tropez. La gente si chiede «Perché?» e bene fa, visto che qui le spiagge distano anni luce dal centro e soprattutto l'età media corrisponde più o meno a quella di Lucy, la mummia del Paleozoico.

Da veri piemontesi iper previdenti, io e l'amico Bobo abbiamo prenotato tutto. Da Torino, s'intende. Una di quelle vacanze intelligenti rivelatesi cretine in un tempo troppo ridotto. Sì, perché qui, *sur la Côte d'Azur,* a oggi non c'è praticamente nessuno. Non una coda. Non un ingorgo. Siamo solo noi in albergo, solo noi in spiaggia, solo noi al ristorante. Praticamente una cover vivente del grande successo di Vasco.

Qui il fritto misto si mangia dal tabaccaio e i francobolli si comprano in trattoria... qualcosa di strano c'è... Alla spiaggia Coco Beach poi non succede niente. Non un frisbee che ti arrivi a tutta birra sui denti, non un balengo che ti sbatta l'asciugamano sul grugno, neanche l'eco di un «minchia» trasportato dal vento. Tutto pace e serenità e a me scoppiano i capillari. Così rinuncio a Satana e mi rinchiudo in un centro di benessere termale. "Però, devono fare un gran bene 'sti trattamenti" medito, osservando il plissettato di rughe della carampana che mi sta di fronte. Anche questi saranno soldi ben spesi.

In una giaculatoria di sbatti e ribatti, qui ti manipolano, ti impastano, ti piallano le trippe ma la cellulite, quella schifosa, non se ne va. Rimane lì, sulla coscia, avvinta come l'edera. Al limite, visti i sommovimenti, si sposta. Trasloca. Da qui a là. Stop. Penso che è un po' come la regola matematica: cambiando l'ordine degli addendi il risultato non varia. Uscendo incrocio lo sguardo di una specie di sfinge. Mi fa un sorriso tartarugato nascondendosi dietro un mesto coprilenti... due ostie di crème caramel fissate con una specie di triste becco d'oca.

Elogio del pareo multiuso

Genesi del pareo. Debole trattatello adatto a ogni fine estate.

Il pareo, sappiamo tutti, è un foulardone che però, da un po' di anni a questa parte, invece di fare la solita fine su un sofà fuori moda è venuto in soccorso ai bei donnini da spiaggia. Annodato come un cappio, intorcinato al gozzo come un guinzaglio oppure insalamato alla vita, aiuta la femmina a sopravvivere agli sguardi impietosi dei vicini di ombrellone. Ma come la suddetta donzella arriva a impacchettarsi malamente nel pareo? La sua è una scelta o un'inevitabile condanna?

La risposta è da cercarsi percorrendo a ritroso l'anno appena vissuto, mese per mese. Si comincia da gennaio col suo ipercalorico panettone, si passa a febbraio con le bugie, marzo-aprile la colomba, maggio gli avanzi di uova di cioccolato, giugno le prime grigliate ed ecco arrivato luglio con l'inevitabile, l'irrinunciabile, il fatal pareo. E, cara mia, che si deve fare di tutto quel bollito misto? Di un culone a baule così imponente da meritarsi quasi la targa? Beh, da sdraiati tutto è concesso. Dalla vita in su si liberano i budini, dalla vita in giù si smollano gli ormeggi lasciando che la natura matrigna si esalti nell'orrore. Ma quando ci si spinge al baretto per il bombolone, il mambo della ciccia è davvero compassionevole. E così piovono parei.

A mantovana, in una fantasia di piccole aspirine su fondo blu marine oppure con le frange come nel West. L'età non conta. Il pareo appiattisce le differenze e unisce le generazioni. Il mondo femminile si stringe in un unico abbraccio sotto le potenti trame del gran foulard.

E loro? I masculi? Perdenti anche questa volta. Niente che li copra. Al limite uno scoglio, ma è un po' difficile portarselo dietro. I costumi di lycra poi... così crudelmente sinceri nell'evidenziare le pochezze. Meglio i bermudoni in vela di catamarano, indumento prediletto dagli uomini trompe-l'oeil, quelli cioè che, come un dipinto prospettico, da lontano paiono una meraviglia, ma visti da vicino vicino sono inguardabili.

Aria incondizionata

Così non si può più andare avanti. Chiedo un'interpellanza parlamentare. Se lo Stato deve tutelare la vita dei cittadini che lo faccia. Tiri fuori uno straccio di norma che regoli 'sto uso indiscriminato dell'aria condizionata. Bella invenzione, per carità, ma qualcuno deve dirlo che siamo in Italia e non in Sudamerica. Non è possibile. Negli aeroporti ci sono temperature da circolo polare artico, sugli aerei si respira la Bora, sui treni o ti brasi o trovi le stalattiti, e negli autogrill, viste le condizioni climatiche, i baristi sono vestiti sempre di rosso e ti vendono i panettoni tutto l'anno perché per loro è sempre Natale.

L'altra sera a Roma, dove è risaputo che l'escursione termica tra sera e mattina è simile a quella del deserto del Gobi, sono salita su un taxi che di taxi aveva solo il volante. Il resto poteva essere benissimo una cella frigorifera da macellaio. Strano che non ci fossero i quarti di bue appesi allo specchietto. Mi si è inchiodata la cervicale e ancora adesso cammino con la stessa scioltezza di Frankenstein.

Sarò scema, ma a luglio preferisco viaggiare con l'ascella un pelino pezzata piuttosto che col Moncler. E poi c'è 'sta storia dei filtri. Pare che negli impianti dell'aria condizionata nidifichino torme di germi, eserciti di acari, compilation complete di microbi pronti a impestare chiunque capiti a tiro. E in più l'aria condizionata sbiadisce. Potrei giurarci. Prova a entrare in un grande magazzino abbronzata caffelatte. Esci che hai lo stesso colore dei gechi.

Come sempre basterebbe il buonsenso. Ho scritto «basterebbe». C'è chi lotta per l'emancipazione dall'aria condizionata e chi, da sempre, è nemico della corrente. E non mi riferisco alle correnti artistiche. Guai ad aprire una finestra parallela all'altra perché scatta la tragedia. Meglio stare barricati in casa con quaranta gradi Fahrenheit. Se in macchina socchiudi il deflettore, si legano al collo il fazzoletto come i cow-boy di *Ombre rosse*. Provare a convincerli è inutile quanto cercare di fermare la marea con le mani.

Camera singola
vista discarica

Checché se ne dica, girar per alberghetti e pensioni è faticoso e ben lo sa chi per lavoro è costretto a fare il giramondo. Siamo viandanti ma pur sempre animali, e la sera abbiamo bisogno della nostra cuccia puzzolente e niente è più stancante che adattarsi a tane e giacigli sempre diversi.

Di solito gli alberghetti in questione fioriscono in vie sconosciute alla popolazione locale, raggiungibili solo a piedi o eventualmente col paracadute, affondate in un mare di divieti di sosta e rimozioni forzate. Il proprietario, in media calvo e leggermente bolso, sta facendo sempre le parole incrociate e, mal celando il fastidio che la venuta del cliente gli ha arrecato, consegna come di dovere le chiavi della camera. Parentesi. Siccome la maggior parte degli avventori distrattamente se le porta a casa, per ovviare al problema gli albergatori le consegnano unite a portachiavi di dimensioni mostruose, con fogge orribili che vanno dalla pigna al mappamondo, variabili tra i cinque e i sei chili di roba minimo. Provvedimento inutile, almeno per la sottoscritta, che è riuscita a portarsi a casa la chiave di un alberghetto di Cagliari, con portachiavi annesso a forma di Sardegna, grandezza quasi naturale e in bronzo massiccio.

Ma veniamo alla camera che di solito sta vicino all'ascensore, con l'unica finestra affacciata sul mercato rionale come un palco reale. Tutto in lei è sconfinatamente triste. La tappezzeria di candelabri marci, il copriletto in gommapane con i cuscini alti come strapiombi, il comodino zoppo e soprattutto i quadri che o sono ritratti di clown in lacrime o nature non ancora morte ma in avanzato stato di decomposizione. La colazione si serve dalle otto alle nove. Se arrivi alle nove e un quarto... ciccia, stanno già preparando il pranzo e piuttosto che darti una goccia di tè lo buttano nel tombino.

Una cosa ti rimane: ramazzarti via le saponettine alla cartavetro, i bagnischiuma al pH muriatico e le biro sbilenche per segnarti in agenda che lì non ci devi tornare mai più.

Ferie *all'*Ikea

C'è chi è furbo e chi meno. Io, a seguito degli ultimi eventi, posso ragionevolmente considerarmi membra onoraria del secondo gruppo. Ho fatto la cosa più disgustosa che un essere umano possa immaginare. Ho pestato una cacca. Succede a tutti. Sì, certo. Ma non a piedi nudi. Con quelli si deve andare nel parco e, possibilmente, non in giro per le dune di sabbia della Sardegna. Eppure...

Vuoi non andare a sistemare il telo mare proprio lì, in quel bel posticino appartato dove nessuno (chissà come mai) bivacca? E vuoi per caso vedere dove metti i piedi? Certo che no. Insisto. Il motivo è che non mi piace viaggiare. Se proprio mi viene voglia di esotico, mi mangio un Bounty. Le vacanze mi stancano. Meglio la città. E se si rimane in città dove si va a prendere una boccata di stagnante fresco? Pellerina? Umido. Valentino? Tanto umido. Monte dei Cappuccini? Troppo lontano, è già un viaggio. Lo so io dove. All'Ikea. Ta-tan! Parco naturale del rifugiato estivo. Paradiso del povero. Mecca dell'annoiato. Ma quale villaggio turistico offre i comfort dell'Ikea?

Punto primo: fa fresco. La temperatura di Ceresole al tramonto. L'ideale. E poi dove le trovi quelle polpettine scure, quei proiettili di carne così ambigui, ma così intriganti, quei purè di mirtilli rossi? Quanta bontà... E la piscina di pallotte per annegarci i figli? E le pochette matrimoniali giallo-sole-porta-tutto? Per non parlare delle matitine poi... come se piovessero mentre la risacca porta le aringhe e i salmoni insieme alle patatine all'aneto.

Bizzarro ecosistema, quello dell'Ikea. Ma sono le donne tanto incinte a trovare qui la meta ideale delle proprie ferie. Quelle dal settimo mese in su. Le ho viste io trascinarsi tra un comò Gnuffa, una sedia Ulla, per capottare poi su un morbido divano Huddinge. E tradurli 'sti nomi? Che son talmente strani che non ci credo che siano svedesi. Secondo me, qualcuno ci prende per il culo. Voglio sapere la traduzione letterale di Stromstad, Klippan, Vingåker col pallino sulla A. Se poi significano luna, finocchio e mare, giuro che qualcuno finisce male.

Solo sugo

L'estate sta finendo (sempre massimo rispetto per i Righeira), crescono i primi funghi (anche nelle moquette delle piscine), e i soliti ritardatari si tuffano sulle cassette dei pelati, ultimi contagiati dall'indebellabile virus della salsa. Ma non quella brasiliana. In questi mesi estivi tonnellate e tonnellate di pelati sono stati strizzati, spellati e schiacciati, torchiati e infilati in qualsiasi recipiente trovato in casa. Perché il problema è anche questo: se ne fa talmente tanta, di 'sta salsa, dico, che non si sa dove metterla! Ho visto salse rinchiuse in barattoli vuoti di omogeneizzati, altre agonizzanti in vecchi tubetti di collirio, altre ancora in taniche da venti litri di benzina. Perché? Perché quei pochi neuroni che ancora vagolano per le nostre teste non si abbracciano forte, non si prendono per mano e ci regalano comportamenti un pelino più sensati?

Io ho due amici. Due. Una coppia. Loro ogni estate producono qualcosa come centocinquanta barattoli di salsa. Si rovinano le ferie! Una follia se si tiene conto che comunque un buon quaranta per cento dei contenitori esplode in cantina devastando gli scaffali. Tutto questo per poi invitarti a cena, farti la pastasciutta (mica le melanzane alla parmigiana...) e dire: «Senti che gusto!

Niente a che vedere con i sughi in scatola!». Tu dici: «Sì» e loro son contenti. Fatto.

A proposito di sugo. Quando ancora insegnavo alle medie, capitava che servissi io il pranzo ai ragazzini in mensa. Non era una forma di personale e malata abnegazione, ma una decisione del collegio docenti, proprio per creare un clima familiare in un posto che più che una scuola sembrava un riformatorio. E mi ricordo che quasi tutti i ragazzini saltavano la pasta (mediamente scottissima), venivano da me col piatto di plastica sotto il mento e con sguardo implorante dicevano: «Profe, solo sugo».

Prodigi di imbecillità

Va così. Se uno ti sta antipatico a prima vista è un segno. Vedrai che col tempo il destino ti darà ragione. È una faccenda di pelle. Questione di sintonie.

Per me essere antipatici non vuol dire non essere simpatici. C'è chi non è spiritoso, chi non ha il dono della battuta, chi fa fatica a stare nel gruppo. Ma magari è amabile, generoso, disponibile. L'antipatico non ha doti. O se le ha le tiene belle nascoste. L'antipatico fa scelte assurde e le spaccia per guizzi di genio. Si compra la Mercedes e poi le monta sopra l'impianto a gas. E si vanta pure. L'antipatico fuma. Ma solo sigarette di marca sconosciuta, lunghe e sottili, meglio se al mentolo. Così evita di offrirle. Poi vive fuori città. Isolato. Grazie a Dio. Di solito in un posto che non ha nome e non ha via. Per trovarlo devi voltare a destra dopo il bidone della monnezza e il ristorante Pizza e Fichi che, purtroppo, essendo chiuso sette giorni su sette, risulta sempre introvabile. L'antipatico è anche un appassionato di musica. Ma solo di un certo tipo di musica. Jazz rarefatto dei paesi dell'Est. Inutile che ti spieghi. È roba per palati sopraffini. Poi ci ha la fidanzata. Ma non normale. Tipo due braccia, due gambe e una manciata di capelli. No. La sua è una Superlativa assoluta. Bellissima, intelligentissima, simpaticissima. Facile che la molli dopo qualche mese per un'altra. Affascinantissima, spiritosissima e sempre bellissima. L'antipatico poi usa la stessa marca da una vita. Che sia sempre quella, per carità. È da anni che si trova bene, gli ha dato così tante soddisfazioni che proprio non ha intenzione di cambiarla. Cosa vuoi pretendere da uno che ha trenta paia di scarpe tutte dello stesso modello e un camion di camicie del medesimo colore e taglio? E per ultimo l'antipatico ci ha il Macintosh. E ci fa su dei peana da fucilazione. Io, che ci ho il PC, sarò anche una cavernicola, però ti lascio in pace, mio bello stracciapalle a cottimo. E non farmi dire dove ti metterei quella mela.

Ai don spich inglisc

Cari compari miei, nel più o meno pieno delle mie facoltà mentali, confesso pubblicamente di appartenere a quel ridottissimo mucchietto di italiani che non sa l'inglese. Giuro di non aver mai imparato bene la coniugazione del presente del verbo avere, di non essere certa di come si scriva *goodbye* e di non capire ancora la differenza tra *home* e *house* dal momento che mi risulta che siano case tutte e due. E dire che di corsi ne ho fatti...

Ho provato con quelli intensivi da un miliardo e dodici ore al giorno per una settimana. Quelli che hanno sede in centro storico e di posteggio vieni più o meno a pagare come un mese in un college di Oxford. Però ci sono gli insegnanti di madrelingua che sorridono tanto tanto, ma non parlano praticamente una parola di italiano. Facile. Allora vado anch'io a insegnare a Londra: parlo per conto mio per un'ora e quando mi fanno le domande rispondo a gesti come gli indiani. Non comprese nel prezzo ci sono ovviamente le audiocassette, che di sicuro non avrai il tempo di sentire e ti rimarranno sulle croste per i prossimi traslochi.

Ho provato anche con le dispense dell'edicola. Fantastiche i primi numeri e incomprensibili dal fascicolo cinque in poi. Come passare dalle elementari al dottorato di ricerca. E se ne perdi una sei finito. Ho persino barattato lezioni di musica con lezioni di inglese. Dopo la terza settimana, la mia amica Daniela suonava perfettamente l'eurovisione al flauto dolce, mentre io pronunciavo «my name is Lucy» con la scioltezza verbale di uno gnomo scivolato dalla montagna col sapone.

D'altra parte, diciamocelo francamente, a imparare una lingua non impari nulla di nuovo. Semplicemente dici una cosa che già sai in un altro modo. Se dici mela o la chiami *apple* che ti cambia? Hai imparato qualcosa di diverso? Assolutamente no. Certo è che sapendo l'inglese puoi parlare con gli inglesi, il tedesco coi tedeschi e via via scambiare opinioni e conoscere costumi e pensieri diversi dai tuoi. Ecco. Infatti. Che imparino loro l'italiano, che di sicuro facciamo prima. Io nell'attesa mi siedo in poltrona con una tazza di tè e mi leggo una bella traduzione di Virginia Woolf.

Ho visto la *felicità*

Qualche sera fa mi è capitata una cosa strana. Ho visto la felicità. Ma l'ho proprio vista con gli occhi. Niente robe di cuore. L'ho guardata come si guarda un bel quadro, un bel film, una bella foto.

È stato a una sfilata di alta moda. Al Festival del Cinemagay. Sfilavano solo transessuali. Donne vere, finte... chissenefrega. Donne e basta. Felici di essere riconosciute e applaudite come tali.

Io non ci penso mai. Sarò anche suonata, ma nei panni che ho ci sto bene. Certo, se fossi un po' meno tracagnotta e non avessi 'sti occhi metà verde cappero e metà testa di moro sarebbe meglio. Ma che importa. Sono una donna e mi piacciono gli uomini. E questo lo so da un pezzo. E mi va bene così. Ma non succede a tutti. C'è chi sta stretto nei suoi panni da una vita. Come essere obbligati a indossare una maglietta small al posto di una extralarge. O un 42 di scarpa pur portando il 35. Nessuna apologia degli omosessuali, per carità. Non mi pagano abbastanza. È che quella è una sofferenza che non conosco e che, proprio per questo motivo, rispetto. E capisco anche lei, sa, cara la mia marchesa Pompadour, a cui trema il by-pass davanti a 'sta sarabanda di boccone a vongola e di glutei a zampa d'elefante. Son pezzi d'Africa in riva al Po, monumenti al peccato mortale... Comunque preferisco lei, marchesa, a quell'altra, la vede? Quella lampadata marrone mangusta che si spaccia per liberata e tollerante e dice forte: «Poverino, è gay, ma è tanto una brava persona». «Ma» cosa? Imbecillissima donna ragno, io ti chiedo cosa fai a letto con tuo marito? Che più che un uomo mi ricorda tanto un draculino della Transilvania?

Una volta frasi così le sentivi dire sui meridionali, speriamo che sia soltanto una questione di tempo. L'unica cosa che mi dispiace è che tutti questi gay, saranno anche degli ottimi amici e dei fantastici confidenti, ma ci fanno una concorrenza spietata. E sono abilissimi corteggiatori. Che rabbia. A me, quando si tratta di rimorchiare, viene lo charme di Mary Poppins.

Sans souci

Vorrei essere come la buona birra. Fresca, gasata e *sans souci*. Soprattutto *sans souci*. Senza preoccupazioni. Spensierata. E, per fortuna, non parlo di grandi dolori. Dico quelle seccature che condiscono le giornate e ci raschiano l'anima come fanno i microgranuli di dentrificio con la placca. E a questo mondo ciascuno ha le sue, signora mia...

La mia amica Bruna, animalista che da anni vive bella trulla in collina, adesso ci ha i ghiri in casa. Eh, sì. È finito il letargo e a 'ste povere bestioline cosa resta da fare se non la passerella sulle travi del suo soffitto in piena notte? Forse hanno saputo che lei di mestiere organizza sfilate e vogliono farsi notare.

A proposito di animali. Ettore. L'altro giorno riceve una cartolina anonima. Paesaggio montano con stambecchi. E sotto la scritta a biro: «Manchi solo tu». Adesso crede che Elvira lo tradisca. Come dargli torto. Una deduzione abbastanza prevedibile. Elvira, dal canto suo, è furibonda. Magari trovasse qualcuno con cui fare le corna a Ettore. Fosse anche uno stambecco.

Anche Bice è preoccupata. Ma lei per la figlia. La piccola ci ha un anno e martedì ha detto la sua prima parolina. Ma non è stata né mamma né papà. La dolcissima

Nina ha appoggiato il biscotto all'orecchio, ha spalancato la boccuccia e ha detto: «Pronto?». Ora Bice non si dà pace. Per sopire i sensi di colpa ha regalato il suo cellulare alla vecchia nonna che ci ha novanta anni, l'arteriosclerosi e non capisce quel che le dici neanche quando le parli di persona.

Lorena invece vuole andare dallo psicologo. L'altra notte ha sognato di fare una lunghissima scoreggia che la sollevava in volo da casa sua (per la precisione corso Sebastopoli) fino alla Gran Madre. Io ho cercato di consolarla dicendo che comunque era un sogno liberatorio. Volare in cielo, foss'anche per una scoreggia, è pur sempre volare. Un po' si è tranquillizzata. Per adesso ha preso l'appuntamento dal gastroenterologo.

Silvana invece, che è una gran brava donna, tempo fa aveva detto alla sua vicina di casa molto anziana di chiamarla in caso di bisogno. Così la poverina l'ha presa in parola. Ieri le ha suonato alla porta e le ha chiesto di farle un clistere. Quanta serenità.

Buon compleanno

Mia colpa. Mia colpa. Mia grandissima colpa. Mi spargo sulla zucca una mestolata di cenere. Sono colpevole con ammissione di reato. Non ho alibi. Che il giudice Santi Licheri mi rinchiuda nel carcere di massima sicurezza. Io intanto chiedo pubblica ammenda in ginocchio sui pisellini primavera surgelati. Imputazione? Totale incapacità di ricordarsi i compleanni. Chiedo che mi si conceda almeno l'infermità mentale. Si vede che non ho i geni che registrano la memoria degli anniversari. Ho un'amica, Cristina, che si ricorda di qualsiasi cosa. Persino il giorno, il mese e l'anno della mia maturità. E non eravamo neanche compagne di classe. Glielo dico sempre di iscriversi a qualche quiz, farebbe più soldi che a insegnare latino. Io non so nemmeno in che numero di giorno vivo. Lo scopro soltanto se devo posteggiare perché mi tocca grattar via i cosini argentati del voucher. Oppure se è Natale. Lì vado sul sicuro. Mi dimentico la scadenza dell'Iva, figurati un po' se mi ricordo la data in cui chicchessia ha diffuso nell'etere i primi vagiti.

Recentemente ho toccato livelli da premio Nobel. Mi sono scordata del compleanno del mio fidanzato. Facevo così bene finta di niente che pensava tramassi una festa a sorpresa. Cosa avrò mai nel cranio? Materia grigia o un ripieno di Giovanni Rana? Io sarei perfettamente in grado di scordarmi le mie nozze d'argento. Fortuna che se vado avanti così non corro questo rischio. Adesso sistemo un tavolino tra i prestigiosi giochi d'acqua di Palazzo Madama e mi metto lì a raccogliere le firme. Chi vuole passa, fa il suo autografo, può lasciare dei soldi per la ricerca e chissà mai che prima o poi si sbandoli questa matassa. Che si firmi per la difesa di chi non si ricorda di ricordare. Il contenuto dei cuori si misurerà mica su di una scadenza mancata...

Facciamo così. Mi faccio portavoce di tutti gli auguri persi. Allora... buon compleanno e felice anniversario. Di cuore. A voi. Da tutti noi che passeggiamo sulle nuvole e abbiamo i neuroni affogati nell'orzata.

Ringrazio mamy e papy per le loro critiche amorevoli e spietate, «La Stampa - TorinoSette» e il suo illuminato direttore Gabriele Ferraris, il ravanello pallido Beppe Caschetto e la sorella di Cenerentola Anastasia, Gabriella Ungarelli, Marco Garavaglia e Lydia Salerno, Ester Marcovecchio e i suoi costumi, Beppe Tosco per la sua meravigliosa testa fulminante, la principessa cuorinfranti Stefania Bertola, i coniugi Audino e i loro treni, Bobo e le sue bobe, l'Angelo, Max e le sue tinte, Paola e Augusto, Valentina e Patiri, Alessandra Rito, Piero e i suoi cavalli, le mie insostituibili zie e tutti i torinesi che ogni venerdì mi leggono e sorridono. Grazie.

«Sola come un gambo di sedano»
di Luciana Littizzetto
Collezione Biblioteca Umoristica Mondadori

Arnoldo Mondadori Editore

Finito di stampare nel mese di luglio 2001
presso Mondadori Printing S.p.A.
Stabilimento NSM di Cles (TN)

Stampato in Italia - Printed in Italy